川島博之

習近平のデジタル文化大革命

24時間を監視され全人生を支配される中国人の悲劇

講談社＋α《プラスアルファ》新書

はじめに――私が中国政府のブラックリストに載った原因

二〇一八年春、筆者の知人であるエコノミストが中国を訪問した際に、パソコンに「川《かわ》島博之《しまひろゆき》」と入力して検索を行ったところ、日本に帰るまで、そのパソコンはネットに接続できなくなった。

その技術的な仕組みは分からないが、二〇一七年に『戸籍アパルトヘイト国家・中国の崩壊』（講談社＋α新書）を書いてから、どうやら筆者は、中国政府のブラックリストに載ってしまったようだ。

中国政府は一般の中国人が筆者の著作に触れることを警戒している。それは、筆者の著作が、中国政府が一般の国民に知ってほしくない情報を提供しているからだろう。

筆者はブラックリストに載ったことを名誉だと思っている。ただ、怖くて、再び中国を訪問することができなくなった。なぜなら本書で述べている通り、中国の空港で飛行機からイミグレーションに向かおうとした瞬間、顔認証システムを備えたカメラが筆者の顔を捉え、官憲によって別室に連れていかれる……そしてスパイ容疑で逮捕される可能性があるからだ。

——これこそが、四億人の既得権者たる都市住民が、九億人の農民戸籍者たちから搾取しながら成長する現在の中国の体制を守るため、習近平《しゅうきんぺい》が始めた「デジタル文化大革命」の恐ろしい本質なのである。

一九六六年に文化大革命が勃発《ぼっぱつ》した当時、文化大革命とは何か、今後、それは世界にどのような影響を与えるのか、これらのことについて正しい見通しを示すことができる人はいなかった。文化大革命を発動した毛沢東《もうたくとう》でさえ、それが中国に何をもたらすのか、正しく見通していたとは言い難い。

「デジタル文化大革命」が始まった二〇一八年の状況は、一九六六年によく似ている。隣国である中国で新たな運動が始まった。日本人はその動きを注視し、その行方を的確に見通す必要がある。

二〇一八年の中国は一九六六年の中国に比べ、世界にとって各段に大きな存在になっている。そんな中国で「デジタル文化大革命」とも呼ぶべき政策が進行している。それは必ずや日本の未来にも、大きな影響を及ぼすことになるだろう。

そんな中国で、二〇一八年の三月、『すごいぞ、わが国』という映画が公開された。これは、子供だましのいわゆる国威発揚《はつよう》映画。それを政府が広く国民に鑑賞を強要し、公務員や国営企業に勤める人などには義務化したことから、本来このような映画を見ることのないインテリ層までが見ることになった。

しかし、この映画には明らかに嘘と分かる内容が多かったため、インテリには極めて不評であった。そして、それは習近平に対する、より一層の嫌悪感を醸成した。

あたかもこの映画の公開と歩調を合わせるように、米国との貿易戦争が激化した。そして米国からの精密部品の輸入が止まると、約七万五〇〇〇人もの従業員を抱える中国の通信機器大手ＺＴＥ（中興通訊）が操業できなくなるといった事態が生じた。精密部品を米国や日本から輸入できなければ、中国が誇るハイテク大手企業も操業できなくなる――つまり中国のハイテク企業は組み立て工場に過ぎなかったことを、白日《はくじつ》の下に晒《さら》すことになったのだ。

このような事実が知れ渡ると、誰の目にも『すごいぞ、わが国』がいいかげんな映画であることが一目瞭然になった。それを受けて映画の公開は中止されてしまった……。『すごいぞ、わが国』は、政治局常務委員の王滬寧《おうこねい》が作ることを命じたとされる。まあ、彼は党の宣伝担当だから、大失敗の責任の一端があることは明らかだろう。それが原因か、七月には「王滬寧失脚」説がメディアを駆け巡った。本書の序章における大学教授へのインタビューでも触れるが、王滬寧は学者出身の政治局常務委員、そして習近平の知恵袋で、「中国の夢」など一連の国威発揚キャンペーンや習近平の個人崇拝を推し進めたとされるからだ。

長老だけでなく、多くの中国人が習近平路線を不安に思っていることは確かだろう。その第一は、個人崇拝が文化大革命を想起させるからだ。そして、習近平が二〇二二年以降も共産党総書記や国家主席に留まることへの不安にもつながる。

本書の主題である「デジタル文化大革命」に対し、多くの中国人は、特にインテリになればなるほど息苦しさを感じている。それが永遠に続くかもしれぬことに、不安を持つことは当然だろう。

また、米国との貿易摩擦が激化すると、多くの人が「中国の夢」と称する国威発揚政策に疑問を持ち始めた。鄧小平《とうしょうへい》が行った、いわゆる「韜光養晦《とうこうようかい》」（才能を隠して、内に力を蓄える）路線を歩んで頭を低くしていれば、米国との貿易戦争に巻き込まれなかったのではないか、との思いである。

習近平の任期については以前から議論されており、目新しいことではなかった。こうした習近平の批判の大元は、間違いなく経済にある。中国共産党総書記の任期を撤廃した二〇一七年の全国人民代表大会以降に生じた最大の変化、それは米国との貿易戦争であるからだ。多くの中国人が、今度こそバブルが崩壊するのではないかと感じ始めた。

実際、以下のようなニュースが報じられた。

〈中国内陸部の湖南省。省南東部の耒陽《らいよう》市の名が中国全土に知られたのは六月初め。市職員の五月分の給料が払われなかったからだ。中国で公務員給与の遅配は珍しい〉（「日本経済新聞」二〇一八年七月一七日付）。

中国では地方政府が公共事業に深く関わり、その財源を理財債や城投債と呼ばれる債券で賄《まかな》っていることは広く知られているが、あまりに借入額が増えたために、その償還が不可能になり、こうした事態が発生したのだろう。このように地方政府や公営企業の多くは借金漬けになっており、お金がうまく回らなくなっていることは誰の目にも明らかである。

習近平政権はバブル経済のソフト・ランディングを図ろうとしているが、地方政府の新たな借金を禁ずれば、この給与遅配のようなことが起こる。その一方で、新たな借り入れを放置すれば、バブルはますます膨れ上がっていく。

中国政府は日本の失敗に学び、バブル崩壊を防ぐ技術を確立したといっているが、それはただ単に崩壊を遅延させる技術であり、崩壊そのものを防ぐことはできない。

また本文中の地方出身学生のインタビューで触れるが、大都市の地価は異常に高騰しており、その結果としてアパートの賃料も異常に高騰している。普通に住めるアパートの賃料は、大学を卒業した社会人の初任給とほぼ同額になってしまった。上海《シャンハイ》や北京《ペキン》では大卒の初任給は六〇〇〇元（約九万八〇〇〇円）程度だが、アパートの賃料も六〇〇〇元。地方都市では初任給が三〇〇〇元（約四万九〇〇〇円）で、アパート代が三〇〇〇元。これでは若者は生活できない。

そういえば、二〇一八年夏に個人崇拝を非難し、習近平のポスターに墨をかけて当局に拘束された女性は、上海市に住む湖南省出身者である。アパート暮らしと見て間違いない。彼女の過激な行動の裏には経済的な困窮があるはずだ。

この女性は湖南省という「田舎」から夢を持って上海に来たのだが、各種の差別に苦しんだのだろう。それでも給料が順調に上昇していた時代なら、人々はそれほど不満を持たなかった。しかし現在のように給料が上がらなくなると、途端に不満を持つようになる。そして、貿易戦争などという言葉が取り沙汰されれば、さらに深刻な事態を予想するようになる。

賃金が増えないのであれば、高く値が釣り上がってしまったマンションを買うことなど、到底できない。結果、最終需要者のいないマンションは、いつか値下がりせざるを得ない。いくら中央銀行にエリートを集めても、バブル崩壊の原理は単純であるから、金融政策で防ぐことはできない。住宅の値段と給与のあいだの格差は、どこかで埋めなければならない。このように帳尻を合わせる運動、それこそがバブルの崩壊なのである。

中国は大幅な貿易黒字を計上し続けてきた。その黒字は米国債の購入にも使われたが、国内の消費を刺激するためにも使われ、地価上昇の原因になった。貿易黒字は、いわば地価高騰の燃料であった。しかし、貿易戦争が激化すれば燃料が底をつく。多くの人は、それを不安に感じた。そして、それが習近平に対する非難、延《ひ》いてはその参謀たる王滬寧への非難につながったのだ。

ドナルド・トランプ大統領が仕掛けた貿易戦争は、かなり中国当局を慌てさせている。バブルが崩壊するのではないかと考えていた当局者にとって、最後の一撃となる可能性が高い。二〇一八年夏、現指導部とOBが集う北戴河《ほくたいが》会議において、中国共産党内部でかなりの混乱が生じたのも事実。トランプが仕掛けた貿易戦争への危機感も相当に強いようだ。

このような事実から見えてきたことがある。それは、確固たるものと見える中国共産党の支配は、案外もろいということだ。

一党独裁によって中国人民を支配する正統性については、共産党が戦前の半植民地状態の混乱から人民を救ったというロジックを展開してきたが、それが史実であろうが虚構であろうが、七〇年以上が経過したいま、目撃者はほとんど生存していない。南京で起こった虐殺を針小棒大《しんしょうぼうだい》に取り上げて反日運動を展開しても、もはやその効力もはなはだ頼りない。むしろ多くの人は反日キャンペーンに飽き飽きしている。

それどころか、「精日（精神日本人）」と呼ばれる日本の文化や習慣を崇拝する層も生まれている。日本サッカーをこよなく愛し、アジアの誇りと認め、試合ごとにサムライブルーのユニフォームを着て観戦する若者、あるいは大日本帝国海軍をアジア人が達成した最強の軍隊と認め、軍服に身を包んで写真を誇示する者さえいる。

　こうなると、中国共産党の最大のレジティマシー（支配の正統性）は、その経済成長だけとなった。もし経済を順調に成長させることができなくなれば、共産党はその統治の正統性を失う。しかし、習近平が選択できる対抗策は限られている。それは皮肉にも、国威発揚を煽《あお》り続けてきたために生じた結末なのだ。

　いま習近平は、アメリカに対して突っ張り続けざるを得ない。それを「共産党は」と言い換えてもよい。ここまで極度に愛国心を煽る教育をしてきたからには、トランプに屈服するわけにはいかないのだ。いまさらトランプに頭を下げれば、インテリは受け入れても、大衆はそれを許さない。そして、大衆の数のほうがインテリよりも圧倒的に多い……。

　だが、知的財産権を尊重し、貿易や投資の慣行を正常化し、かつ南シナ海の人工島から撤兵しないのであれば、米国が中国を許すことはない。まさに、古代ギリシャの歴史家の名言に由来する「ツキディデスの罠《わな》」である。

　ツキディデスは、「新興国のアテネに対するスパルタの恐怖心が、ペロポネソス戦争という大事変を招いた」と記した。中国の国力が米国を凌《しの》ぐかもしれない……そしてその中国は、明らかに対外膨張政策を取っている……ならばナンバー・ワンたる米国は、いま中国を叩くしかない――。

習近平を攻撃する勢力は、胡春華《こしゅんか》や汪洋《おうよう》など共産党青年団を中心としたインテリ政権を考えているようだが、中国人の愛国心にスイッチを入れた状態でインテリが統治したら、中国は崩壊する。それは、インテリたるミハイル・ゴルバチョフがソ連を統治できず崩壊に至らせたことからも明白だ。

もはや強権をもってするしか中国を統治することはできない。強硬路線を突っ走るしかないのだ。しかしそれは同時に、習近平政権が最後の共産党政権になることを意味する。

目次◉習近平のデジタル文化大革命　24時間を監視され全人生を支配される中国人の悲劇

第二章　インターネットと独裁の親和性

第五章　文化と創造力を殺す「デジタル文化大革命」

終　章　中国の二〇三五年

序　章　中国人が嘆く「デジタル文化大革命」

武装警察ハイテク眼鏡に映るもの

二〇一八年六月四日付の「朝日新聞」には、本書で解き明かす「デジタル文化大革命」の苛烈《かれつ》さが克明に記されている。

〈五月末、中国雲南《うんなん》省の省都・昆明《こんめい》の駅で、行き交う人々を銃を手にした武装警察がやぐらの上から見下ろしていた。（中略）

民族対立を背景とするテロなどで治安が悪化するなか、中国当局は警備の態勢と装備を強化する。昆明の警察が採り入れたハイテク眼鏡もその一つだ。

上側のフレームが厚い眼鏡をかけて相手の顔を見ると、即座に警察のデータベースと照合される。容疑者の疑いがあると警告音が鳴る。視界には、容疑者のデータとどの程度一致したかという情報が、二メートルほど先のディスプレーを見ているかのような感覚で浮かぶ。（中略）

広東《カントン》省深圳《しんせん》などでは横断歩道に監視カメラが据えられている。信号無視をした市民は顔認証で身元が割り出され、公安のホームページや現場のディスプレーに映し出される。

可能にするのは情報技術の向上と、共産党政権が蓄積してきた約一四億人分の膨大なデ

ータだ〉

――二〇一八年は、中国がこのように非人間的な「デジタル文化大革命」に突入した年だ。これは中国と世界、そして日本にどのような影響を与えるのか？　本書では、それがどれほど危険で、そして中国の一般市民に対し、いかに非人間的な圧力を加えているかを解き明かしていく。

筆者は研究目的のフィールドワークのため、この二〇年間に四〇回、中国を訪れた。そこで三〇〇日以上を過ごすなか、現地で多くの知己《ちき》を得た。以下、そのなかの五人に対して行ったインタビューを紹介する。

言論封殺を振り付ける学者とは

〈王寧《おうねい》：仮名、四川《しせん》省出身、有名大学教授、男性、五九歳〉

「江沢民《こうたくみん》時代が懐かしいよ」

――えーっ、江沢民はインテリから嫌われていたのではないですか？

「インテリだけじゃない。皆から嫌われていた。実力もなく、天安門事件のおかげで総書記になったくせに、威張《いば》り散《ち》らしていたからね。それに、上海《シャンハイ》出身の彼の周りには汚職体質の人物が集まっていた。そして女好き……いい歳なのに愛人がいたことは皆が知っているよ」

――そんな江沢民時代が懐かしいのですか？

「そうだよ。彼は空威張りしていただけ。その統治の前半は鄧小平《とうしょうへい》が生きていた。彼は鄧小平には頭が上がらなかったんだよ。総書記にしてくれたのは鄧小平だったからね。鄧小平は天安門事件では悪役だけど、言論統制には甘いところがあった。自分自身『白いネコでも黄色いネコでも、ネズミを獲るネコはいいネコだ』なんていって迫害された経験があるからね。だから言論をやかましく取り締まることはなかった。その流れで、江沢民時代は、それなりに言動の自由があったのさ」

――つまり、いまは言論の自由がないといいたいのですね。

「習近平が国家主席になってから言論の自由はなくなった。特にここに来て、その傾向は強まっている。大学人はその圧力を強く感じている」

――もう少し、詳しく聞かせてください。

「二〇一七年、大学や大学院において英語で書かれた教科書や文献を使うなとの『お達し』が出た。英語の物を読んでいると、内容が反体制的ではないとしても、自然と自由主義的な思想を持つと思ったのだろうね。ずいぶん深読みした見方だ。普通の政治家や役人が考えることではない。裏に知恵者がいるよ」

――大学の講義はともかく、大学院でも英語の教科書が使えないのでは、ずいぶん不便ですね。

「ああ、当局は絶対とはいっていない。『なるべく』使わないように、といっている。この『なるべく』が曲者《くせもの》なのだよ」

――どういう意味ですか？

「お達しが出ているのに使っていると、反体制的な教師だと思われる。それは危険な行為になる。だから、同僚はみんな英語の教科書を使うのは止《や》めた」

――ふーん、中国版の忖度《そんたく》ですね。

「二〇一七年、北京《ペキン》大学の副学長が逮捕された。それは、大学の言論に対しては当局が厳しく取り締まるとの意思表示と受け止められている」

――なんで逮捕されたのですか？

「汚職だよ。そう報道されている。しかし、そこが共産党の上手なところだ。もし言論を理由に捕まえれば、多くの人が騒ぐことになる。だが、汚職ということであれば、不当逮捕などといって騒ぎ立てることはできない。しかし副学長は汚職体質の人ではない。そんな彼でも逮捕される。これは大学教師全員に対する脅しだね。有名大学の教師は接待されることも多い。また、私的な会合でも講演料を受けとる。教え子の親から付け届けをもらうこともある。これは中国の習慣だよ。そんな中国だから、当局がその気になれば、すべての教師を汚職で捕まえることができる」

——当局に睨《にら》まれると汚職を理由に逮捕される……怖い社会ですね。

「習近平政権になってから、言論統制はどんどん激しくなっている。習近平が小物で自信がないため、異論を封殺しようとしているのさ。そして、その振り付け役が王滬寧《おうこねい》だ。彼は復旦《ふくたん》大学の教授だったが、江沢民や胡錦濤《こきんとう》のブレーンとして働き、習近平にも大いに気に入られて、二〇一七年の党大会では、なんとチャイナ7《セブン》の一員になった。一介の学者が政治局常務委員になるなんて、超異例の出世だよ！」

——彼が思想弾圧の知恵袋であり、急先鋒なんですね。

「王は自分が大学教授だったから、大学のことがよく分かり、大学人の弱いところをよく知っている。習近平政権が続く限り、中国に言論の自由は許されない。私は、さっさと退職して、故郷に帰るつもりだ。この先、もっと弾圧が強まれば、何が起きるか分からないからね」

就活開始でVPNを止めるわけ

〈劉毅《りゅうき》：仮名、北京市出身、大学生、男性、二二歳〉

――最近の中国の学生は、何に関心を持っているの？

「最大の関心事は就職。友達もみんな同じです」

――へー、日本の学生と変わらないね。

「親の世代では大学卒はエリートだったけど、いまは大学が増えたから、大学を出たといっても、それだけではエリートになれないんです。よい就職先を見つけることも難しい。中国の大学には序列があって、同じ大学卒でも、北京大学や清華《せいか》大学を卒業すれば就職先は見つけやすいのですが、レベルの低い大学だと……」

――まあ、そのあたりは、東大、早稲田、慶應を出るとよい就職先を見つけやすい日本と同じだね。

「習近平時代になってから、明らかに経済は減速しています。それは学生である自分にも、はっきりと分かるほど。一〇年くらい前までは、北京大学や清華大学を出れば就職先に困ることはありませんでした。しかし現在は、北京大学や清華大学を出ただけではダメ。国家機関やメガバンクのような福利厚生が厚い国営企業に入るには、親や親戚の力が必要になります。北京大学や清華大学を卒業して、なおかつ親や親戚のオジさんが裏で押してくれなければ、よい就職先にはありつけないのです」

——へー、それは大変だね。

「幸い私は親が有力国営企業の幹部だから、裏からのプッシュは期待できます。だけど、北京大学や清華大学には入れませんでした……まあ二流大学の出身です。そこはハンディ。だから一生懸命に就活しなければなりません。そこで私は、VPN（Virtual Private Network：仮想専用ネットワーク）を止めることにしました」

——就活とVPNに、なんの関係があるの？

「若者は海外の動向に敏感です。特に北京や上海、あるいは深圳《しんせん》など大都市に住んでいる若者は、海外の文化に憧《あこが》れを持っている……だから規制の多い中国のネットでは満足できないのです。ですから多くの若者は、VPNを使って、海外のネットを見ていたんですよ」

——しかし、中国ではVPNを使うことは禁止されているのでは？

「表面上は禁止されています。でも、車を運転していて少々スピード違反をしても捕まらないでしょう？　それと同じで、皆が違反をしていれば怖くありません。だから、私も仲間も、みんな使っていました」

――それならば、なんで止めたの？

「当局は最近、貴州《きしゅう》省に大きなコンピューターセンターを造ったといわれています。その詳細は誰にも分からないのですが、すべてのパソコンを監視しているそうです。ＶＰＮを使えば、ＩＰアドレスから、私がＶＰＮを使っていることがばれてしまう。みんながやっているから捕まることはないと思いますけど、当局から規則に従わない人間だと思われることが嫌なのです。すべての中国人は『背番号』を持っていますが、いまでもＶＰＮを使っていることが当局に知れれば、就活については有利に働かないでしょうね」

――それでは、就活が終わればＶＰＮを使うようになるの？

「いいえ、もう使いません。というのも、中国の企業は内部に共産党の支部を作らなければなりません。現在、すべての国営企業、また私企業でも大きな企業のなかには支部があります。そして出世するためには、共産党に睨まれるわけにはいきません。そんなわけで、私はこれからもずっと、ＶＰＮは使いませんよ」

――ふーん、もう海外の文化への憧れは捨てるんだね。

「まあ、中国の会社に入って普通に生きていきたいのなら、当局には逆らわないことでしょう。私たちの世代は十分に豊かなのだから、ほどほどの会社に入って、ほどほどに生きていく……それが現代中国人の宿命です。なので、当局が禁止することはしません。とにかく、いま私は、それなりの給料をくれる会社に入りたい。頭のなかは就活で一杯です」

北京や上海よりも東京が身近に

〈丁夢《ていむ》：仮名、黒竜江《こくりゅうこう》省出身、大学生、女性、二三歳〉

「北京に住む戸籍のある男子が就活のためにVPNを止めたという話は、恵まれたお坊ちゃんの話ですね」

――えっ、そうですか？

「中国には農民戸籍と都市戸籍があり、日本人でもそのことを知っている人は多いのですが、問題はそれだけではありません。実は、都市と都市のあいだにも戸籍問題があるのです」

――もう少し、詳しく説明してくれませんか。

「中国には皆が憧れる都市が四つあります。北京、上海、広州《こうしゅう》、深圳です。この四つの都市は中国でも別格。特に豊かな都市です。誰もが、そこに住みたいと思っていますよ」

——それでは、そこに引っ越しをすればよいのでは？

「都市戸籍を持っていても、どこにでも移り住めるというわけではありません。北京や上海の戸籍を手に入れることは極めて難しいのです。それでも、方法がないわけではありません。最も簡単な方法は、北京や上海に数千万元（数億円以上）もする高級な住宅を購入することです。そうすれば、戸籍がもらえます。地方で事業に成功した人などが、この方法で戸籍を手に入れています。しかし、普通の人にはできません……」

——なるほど……共産主義の国なのに、すべてはお金が解決するというわけか。

「北京大学や清華大学を出て、北京にある国家機関や国営企業に就職するのも手です。何年か勤めれば、戸籍がもらえますので」

——しかし先ほど、北京大学や清華大学を出ただけでは、国家機関や国営企業に就職することは難しいと聞いたのですが？

「コネが必要なのは当然です。ただコネがなくとも、北京大学や清華大学の学生であれば、北京に戸籍のある有力者の娘と知り合いになり、そのコネで就職することもあり得ます。もちろん、その後に結婚しなければなりませんが……」

――かつて科挙《かきょ》に合格すると、人々が周辺に寄ってきたと聞きましたが、まさに現代になっても、その伝統は残っているのですね。

「ただ、北京大学や清華大学の学生も増えましたから、普通の成績の学生ではダメでしょう。しかし成績優秀な学生ならば、昔の科挙官僚のようなことはあり得ますね」

――それほど北京や上海の戸籍の入手は難しいのですね。

「そうです。私は東北地方（旧満州）の出身であるのに加え、北京大学や清華大学の出身でもありません。ですから、北京や上海の会社に就職するのは難しい……何もしなければ故郷で就職することになります。でも、私は故郷が嫌いです。ただ、戸籍問題がなくとも、故郷を出るのは難しいのです……」

――なぜですか？

「アパート代が高騰しているからです。まあまあのアパートに住みたいと思うと、北京や上海では、最低でも月に数千元（八万～一〇万円）が必要になります。それは若者の初任給と同額です。地方都市では、アパート代は北京や上海の半分になりますが、初任給も半分です。不動産バブルの結果、中国の都市部では、若者の給与とアパート代が釣り合わなくなっています。劉毅さんのように二流大学にしか入れなかったといっても、北京に住居があり、親が国営企業の幹部ならば、中国では憧れの存在です。苦労知らずのお坊ちゃんですよ」

――あなたの将来の展望を聞かせてください。

「私は日本に留学したいと思っています。中国の東北地方は、いまでも日本とのつながりが深いからです。日本に留学して貿易関係の仕事に就けば、東京で暮らせる可能性もあると思います」

――故郷では絶対に暮らしたくないのですね。

「日本人は、北京や上海、広州、最近では深圳だけを見て、それを中国だと思っていますが、そこに戸籍を持って住んでいるのは約四〇〇〇万人だけ……中国人全体の三％程度です。北京や上海に住んでいても、農民工（都市に出て働く農民）など戸籍がない人は、その三％の人の目には映っていません。私の故郷のような東北地方の都市では、景気が低迷して、よい就職先はありません。街全体が暗いのです。だから若者は、なんとかして外に出たいと思っています。そして、優秀な人ほど出て行ってしまうのです。そんな都市に、未来があると思いますか？」

——それが主な理由ですか？

「これから話すことは、絶対に秘密です。私は女で政治のことはよく分かりませんが、いまの中国は息苦しい……なぜ同じ中国人なのに、北京や上海に生まれるとよい暮らしができて、私のように地方都市に生まれると、希望が持てないのでしょうか？　でも、そんな文句をネットに書き込めば、それは自殺行為です。文句があっても声に出せない。黙って、現状を受け入れるしかない……」

——だから日本に行きたいのですね。

「日本は自由な国だと聞いています。それに妙な話ですが、中国人である私が北京や上海に移り住むよりも、むしろ東京に移り住める可能性のほうが高いのです。だから、まず日本に留学しようと思っています」

ＩＳに攻撃対象とされたために

〈エンケトゥプシン：仮名、内モンゴル自治区出身、管理職、男性、四八歳〉

——少数民族である内モンゴル人が政府から迫害されるようなことはないのですか？

「内モンゴル人と共産党は、そんなに仲は悪くないですよ。まあ、現在の政府の政策に百パーセント満足しているかと聞かれれば、そうともいえませんが、強く反発する気分でもないですね」

——中国の少数民族問題について少し教えてくれませんか？

「中国は漢民族中心の国ですが、総人口の約八％が少数民族。モンゴル人、ウイグル人、チベット人、それに広西チワン族自治区や雲南省の付近にタイやベトナムの人々とルーツを同じくする少数民族がいます」

——日本では中国の少数民族が迫害されていると報道されることが多いのですが、実態はどうなのですか？

「その前に、中国の歴史について少し説明しておきましょう。現在の中国の国境線は、清《しん》の乾隆帝《けんりゅうてい》の時代に成立したものです。それは二二〇年ほど前のこと。それ以前の中国は、現在、チベット、新疆《しんきょう》、内モンゴルと呼ばれる地域を含んでいません。東北地方（旧満州）も中国ではありませんでした。ただ、清を作った人々は満州族だったから、清の時代に東北地方は自動的に中国になりました。満州族とモンゴル人とは親戚のようなものですが、満州族は清を作るとすっかり中国化してしまい、民族としてのアイデンティティを失いました。そのため、かつて満州族は独自の文字を持っていたのに、現在、その文字を書ける人はいません。いまでは自分は満州族だという人も少ないのです」

——それでは中国の少数民族問題というのは、満州族以外の少数民族のものなのですね。

「ええ、けれど広西チワン族自治区や雲南省に住む少数民族も、いま中国への同化が進んでいます。こんなことをいうと悪いのですが、東南アジアの人々と同じルーツを持つ人々は、それほどの歴史や文化を持っていません。東南アジア諸国との国境付近で暮らしていた人々は、共産党から、お前たちの住む地域は中国の領土になった、これからは中国人だといわれると、それほどの抵抗感もなく中国化してしまったのです。ですから、そこには少数民族問題はありませんね」

——内モンゴル人もアイデンティティを失ったのですか？

「私はモンゴル人であることに誇りを抱いています。我々には、あの偉大なジンギスカンと同じ血が流れている。元を建国し、漢民族を支配したこともある。そう簡単に、アイデンティティを失ったりはしませんよ」

——でも、漢民族に支配されるのは嫌でしょう。

「外モンゴル（モンゴル国）があるが、そこも問題が多いのです。内モンゴル人にしてみれば、外モンゴルと一緒になるよりも、中国の内にいたほうがメリットは大きいでしょう。だから漢民族に強く反発する気分にはなれないのです」

——どの少数民族が、強く共産党政府に反発しているのですか？

「それはチベット人と新疆のウイグル人でしょう。先ほどもいったように、彼らの国も私たちと同じように、二二〇年ほど前までは中国ではなかったのです。そして、チベット仏教やイスラム教という独自の文化も持っていました。一方、我々モンゴル人や満州人は漢民族を支配した経験があるから、その文化の多くも中国化しました。だから、漢民族は好きではないが、それほど強い反感を持てないのです。ついでにいうなら、私は中華料理が好き。モンゴル料理はおいしくないね（笑）。しかし、ウイグル人やチベット人には、そんな『中国体験』がないから、一方的に漢民族に支配されているという感覚を持っているのでしょう。それが反発につながっているのだと思います」

——中国の少数民族問題とは、チベットと新疆ウイグル問題と考えればよいのですね？

「まあ、それで構わないでしょう。もっといえば、新疆ウイグル問題と限定できると思います」

——チベットは問題ではないのですか？

「問題がないとはいえませんが、チベットは山のなか……資源も乏しく人口も少ない。ダライ・ラマ（一四世）がインドに亡命して、いろいろな発言をするものだから国際的に問題になっていますが、それほど大きな問題ではない。問題は新疆ウイグルです。同じ少数民族として同情していますよ」

——新疆ウイグルの話をもっと聞かせてください。

「中国では、新疆ウイグルは、『青空が見える監獄《かんごく》』といわれています。ウイグル人は常に監視されている。習近平政権になってから、ウイグル人が外国に行くことも難しくなりました。それは、二〇一七年になってから特に厳しくなったと聞いています。公務員など多くの人たちがパスポートを取り上げられてしまった。それだけではありません。ウイグル人の多くはイスラム教徒。そのイスラム教徒はラマダンのときに日の出ているあいだは断食しますが、共産党は、宗教行事であるこの断食を邪魔する。公務員は、その時期、上司が部下を一堂に集めて、一緒に昼食を食べさせるのだそうです」

——それは酷《ひど》い話ですね。もし、その指導に従わなかったら、どうなるのですか？

「まあ、上司は左遷《させん》ですね。そして、一緒に昼食を食べなかった部下は出世できなくなる。だから、しかたなく昼食を摂るのです。また、家に習近平の肖像画を掲げるようにも指導しています」

――なぜ、それほどまでに厳しいのですか？

「手柄欲しさに、新疆ウイグル自治区の共産党書記である陳全国《ちんぜんこく》がやらせたのです。陳全国は、新疆に来る前は、チベットの書記でした。そこでの弾圧が評価されて新疆ウイグル自治区に栄転したのです。新疆ウイグル自治区の書記になれば、トップ二五人の政治局員になれる可能性が出てくる。そのため、新疆の人々を締め付けに締め付けた……まあ、これが中国政治のいちばん悪いところですね。政治家が出世したいがために民をいじめるのですから。陳は二〇一七年の共産党大会で政治局員に選ばれました。ただ、彼はかつて李《り》克強《こくきょう》の部下だったことがあり、いまでも習近平から共産党青年団の一員と見られている。陳はそのハンディを克服するため、一生懸命にウイグル人をいじめていました。そして、それが功を奏して政治局員になった。だからこそ、今後もより一層ウイグル人をいじめる……自分の点数を上げるために……それが中国政治なのです」

――胸くそが悪くなるほど、酷い話ですね。

「弾圧のために、共産党は、デジタル技術もフル活用しています。身分証明書をスキャナーにかざせば、ウイグル人であることが分かります。そして、ウイグル人というだけで信用度が低下します。新幹線に乗る際にも、ウイグル人が身分証明書をかざすと、赤いランプが点灯します。すると、いちいち手荷物検査と身体検査をされる……まるで悪名高かった南アフリカのアパルトヘイトのようです」

――ネットもすべて監視されているのですか？

「そうです。ですから、新疆以外にいる知人に現在の状況をメールで知らせることはできません。電話も盗聴されている可能性が高い。いま新疆の人々は移動の自由を妨げられ、また外との連絡を絶たれています。だから『青空の見える監獄』と呼ばれているのです。同じ少数民族として同情しますね」

――なぜ共産党は、ウイグル人を、そこまで外部と隔絶させたいのですか？

「一つには、八五年ほど前に、ウイグル人が東トルキスタン・イスラム共和国という国を作ったことがあります。その記憶があるから、彼らは独立心を失うことがありません。そして、彼らがイスラム教徒であることも重要。これまでのところ、中国はイスラム圏の人々とうまくやってきました。米国や西欧はキリスト教徒が多いから、どうしてもイスラム教徒と対立してしまいがちですが、宗教心の薄い中国人は、イスラム教徒と問題なく付き合うことができた。そんな中国でしたが、ＩＳ（イスラム国）に数千人のウイグル人が参加し、ＩＳ自体も中国を攻撃の対象に挙げていることから、そうした動きを不気味《ぶきみ》に感じるようになりました。世界のイスラム教徒がウイグル人に同情を寄せれば、問題が大きくなる。だから封じ込めたい。その結果、新疆は『青空の見える監獄』になってしまったのですよ」

上司に習近平派が送り込まれて

〈鄭栄《ていえい》：仮名、上海市出身、金融業、男性、三八歳〉

――久しぶり！　でも、元気がないね、どうかしましたか？

「ああ、将来が見えなくなったからですよ」

――また、どうして？

「これまで私の人生は順調でした。日本に留学して経済学を学び、中国に帰ってからは誰もが知っている大手の国営銀行に就職しました。成績も優秀でした。その後、保険会社に引き抜かれ、資産運用部に配属されました」

――あなたの順風満帆《じゅんぷうまんぱん》な人生の話は、私も知っていますよ。

「そんな私は、政治がらみの情報を拾ってくるのが上手で、上司に気に入られていました。いまになっては昔話ですが、李克強が首相に就任し、リコノミクスなどといって上海に国際金融センターを作るなどと宣言していた頃、三〇代前半で年収は、日本円で軽く二〇〇〇万円を超えていました。情報を獲《え》るためと称して、会社から運転手付きのアウディA8も貸与されていました。そして、最盛期には一日に二回、夕ご飯を食べていました。中国人は食卓で情報交換する習慣がありますから、午後六時からの夕食会と八時からの夕食会の掛け持ち。費用はこちらの会社が持つこともありますが、相手が持つこともありました。まあ、上海蟹《シャンハイがに》など美味しいものは食べ尽くしましたね。だから太らないように、スポーツクラブにも通いました。若手エグゼクティブ気取りだったのです」

――何度聞いても凄いですよね。

「まあ、実力もあったのですが、私が上海人であったことも大きい。上海語を話せる人は一種独特のエリート意識があり、かつ連帯意識も強いのです。だから上海に本社がある会社に入り、上海人の上司に可愛がられました。上海幇《シャンハイバン》の末端にいたわけですね」

――そんな君が、なんで将来が見えなくなったのですか？

「原因は習近平の奴だ！　奴は経済オンチ。そもそも、インターネットを規制して海外の情報に接することができないようにすれば、生き馬の目を抜く国際金融の世界を生き抜くことなんてできない。習近平は、そこが分からないのです。このようなインターネットの規制を続けていれば、中国の金融は、一〇年も経たないうちに世界と戦えなくなる……」

――それを心配しているのですか……。

「金融は金のなる木。金融を押さえることは、国家を押さえることです。習近平は国際金融にはオンチのくせに、金の臭いに敏感だ。金融関連の官庁や、国営銀行の主要メンバーを、すべて習近平派に入れ替えました。私のいる会社の幹部も上海閥から習近平派に衣替え。上海閥は上海出身の江沢民を頼っていましたが、あそこまで老いぼれれば、影響力は皆無に等しい。私を可愛がってくれた副董事長《ふくとうじちょう》も退任させられました。そして現在、そこには、習近平の人脈に連《つら》なる人物が座っているのです」

――へー、本当にそんなことがあるんですね。

「中国では普通ですよ。政権に逆らっては会社を存続させることはできません。特に金融業では絶対。これまで習近平派に逆らった金融関係者は、全員逮捕されました。大きな会社の会長や社長も捕まった……噂《うわさ》では拷問《ごうもん》にもかけられたそうです。たとえば、すごく明るくて時々ものすごい音がする部屋に閉じ込める。これは寝かせない拷問です。これだと拷問の跡も残りませんしね。会長だ社長だなどといって威張りくさっていた連中は、一日か二日で完全にまいってしまい、あることないこと自白するそうです。やってもいない罪を認める。その『とばっちり』で捕まる人も多い。まさに中世ヨーロッパの魔女狩り、魔女裁判ですね」

――怖い話ですね。君は大丈夫？

「捕まって拷問にかけられるのは、金融界のトラやハエだ。私などはハエの下の小バエか蚊のような存在だから、捕まることはありません。だが、上司が習近平派に替わったから、もうエリートコースを目指すことはできません。年俸も大幅に下がり、車も取り上げられました。宴会に出ることもなくなりました。ここしばらく、ご馳走《ちそう》を食べていないなあ」

――ジェットコースターのような人生ですね。これからどうするつもりですか？

「新しい副董事長が連れてきた若造が私の上司になりました。胡錦濤に代表される中国共産主義青年団出身者は学歴エリートが多かったのですが、いまは福建《ふっけん》省や浙江《せっこう》省で習近平と知り合いになったというだけで出世している連中が多く、一言でいえばバカばかりです。そんな人脈に連なる私の上司の若造もバカ。こんな会社はさっさと辞めて他に移りたいのですが、金融界はどこも習近平派に置き換わりました。上海幇の一員だった私を好条件で受け入れてくれるところなどないでしょう。でもまあ、こんな強引なことをやる習近平ですから、必ずどこかで失敗します。私はまだ若いので、しばらくは我慢して冷や飯を食わされたままでいるつもりです。ただ、もし二〇三五年まで習近平政権が続くのなら、悲しいけれど私の人生も終わりですね。いまは習近平が一刻も早く失脚することを祈る毎日です……」

コラム　中国の街中での写真撮影は超危険！

海外旅行をすると、どの場所も珍しい。いろいろな所で写真を撮りたくなる。しかし、習近平の「デジタル文化大革命」が進む中国では細心の注意が必要になる。皆が写真を撮るような観光地での撮影は問題ないが、街中や郊外では要注意だ。なぜなら、軍の施設を撮影してしまう可能性があるから。ここは軍の施設です、と書いてあれば注意するのだが、中国では何気《なにげ》ない建物が軍の施設であることが多い。

そんな施設の周辺でピースサインなど出して友人同士で撮影していると、武装警察官が現れて、スパイ容疑で拘束《こうそく》されかねない。中国人はそのことをよく知っており、路上では決して撮影をしない。

また、街中には多くの監視カメラがあるが、面白がって監視カメラを撮影することもご法度《はっと》である。当局は監視カメラがどこにあるか知られたくないのだろう。

そのため監視カメラを撮影すると、そのときには拘束されなくても、監視カメラにつながっているシステムが写真を撮っているあなたを特定し（あなたの名前と顔写真は空港の入管で自動的にシステムに入力されている）、ホテルに戻った時点で拘束される可能性がある。ホテルに泊まる際にもパスポートを提示しているから、当局はあなたがどのホテルに泊まっているかを知っている。まさに、ジョージ・オーウェルの書いた『一九八四年』の世界である。

日本のある新聞社の中国支局に勤める記者に聞いた話だが、中国政府にとって都合の悪い記事を書くと、直ぐに当局から呼び出しがかかり、長時間にわたって拘束されるという。ただ、新聞記者は記者証を持っており、都合の悪い記事を書いても逮捕するわけにはいかないので、その日のうちに釈放される。が、一般人が軍事施設を撮影した容疑で拘束されると、そう簡単には釈放してくれない。最悪の場合、スパイとして本当に逮捕されてしまう。そうなれば、死刑だってあり得る。

実際、中国企業の依頼により現地で温泉の探査をしていた日本人が逮捕されている。以下は、二〇一八年六月九日の時事通信の記事である。

〈【北京時事】中国で昨年三月、温泉の探査をしていて地元当局にスパイ行為に関わった疑いで拘束された日本人一人が、今月起訴されたことが分かった。日中関係筋が九日明らかにした。

起訴されたのは、海南省で拘束された五〇代の男性。同時期には同省と山東省で、日本人計六人が拘束されたが、このうち四人はその後解放。残る二人が昨年九月、正式に逮捕されていた。

具体的な容疑は不明だが、中国メディアは、二人が地図など大量の機密資料を所持し、「反スパイ法」などに違反した疑いが持たれていると伝えていた〉

こんな状況だから、当然、高性能の望遠レンズを装着したカメラなどは持ち歩かないほうがよい。軍港があるとされる街での撮影には、もちろん細心の注意が必要だ。眺めがよいなどといって、高台やビルに登って海の方向や海岸を望遠カメラで撮影するなど、もってのの外である。

もし、あなたが写した写真の一枚に小さくても建造中の空母などが写っていれば、いくらあなたが「知らなかった」「空母を撮影するつもりなどなかった」といっても、本当にスパイにされてしまう。そして、二度と日本に帰って来られなくなるだろう。

第一章　中国バブルは必ず崩壊する

中国バブル崩壊説は崩壊したのか

長い期間にわたり、中国のバブル崩壊がいわれ続けてきた。しかし、一向にバブルは崩壊しない。最近は、「中国バブル崩壊説の崩壊」などと揶揄《やゆ》されるようにもなっている。ここでは、先ずこの問題について考えてみたい。

中国バブル崩壊説はゴードン・チャンの"The Coming Collapse of China"（邦訳：『やがて中国の崩壊が始まる』草思社）に始まる。これは二〇〇一年に書かれており、その年に邦訳が出版された。

ゴードン・チャンは中国系米国人の弁護士で、上海の米国系法律事務所に所属し、中国企業の内情に詳しいとされることから、日本でも大いに注目された。その内容は、いま語られている中国崩壊説とほぼ等しい。

国営企業が非効率であること、共産党が非効率な企業の延命を図っていること、貧富の差が大きいことなどを挙げて、中国経済は近い将来に崩壊するとしている。昨今の中国経済崩壊本と異なる点は、WTO（世界貿易機関）への加盟が中国経済崩壊の引き金になるとしている点ぐらいだ。

それから一七年が経過し、多くの類書が出版されたが、そのストーリーは、ほぼチャンが書いたものと同じと考えてよい。それに、格差に怒った民衆が蜂起し共産党支配を崩壊させる、というシナリオが加えられることもある。

ただ、これまでのところ、中国経済は崩壊していない。それどころか、北京オリンピックと上海万博を経て、その経済規模はますます大きくなっている。

二〇一七年の名目GDP（国内総生産）は、その数字は様々に粉飾されているとはいえ、一ドルを一一〇円として計算すると、日本円で約一三二二兆円。同年の日本のGDPが約五三六兆円だから、公称通りであれば、中国は日本経済の二倍以上の規模になった。

米国のGDPは約二一三三兆円と世界第一位であるが、中国は現在でも公称六・五％程度の成長率を維持していることから、このペースが維持されれば、遠からず中国が米国を追い抜く日が来るかもしれない。

二〇一八年になって、米国のトランプ政権は、貿易赤字の削減を巡り中国と貿易戦争ともいえる状態に突入したが、これは米国が中国をそのライバルと認めた証拠であろう。こうなると、中国バブル崩壊説はその説得力を失う。先にも述べたが、巷間《こうかん》「中国バブル崩壊説の崩壊」がささやかれる理由である。

三重野日銀総裁は中国の反面教師

二一世紀に入ってから、長いあいだ中国政府はバブルを崩壊させることなく、その経済をコントロールすることに成功した。

その第一の理由は、中国当局が日本のバブル崩壊過程をよく研究して、不動産価格の高騰を抑制する政策を行わなかったことにあろう。日本は、一九九〇年、急速に金融を引き締めた。その結果、不動産バブルが一気に崩壊し、それが不良債権問題となり、金融システムを直撃した。金融システムの動揺は、その後の「失われた二〇年」と呼ばれる長い経済低迷の原因になった。

それに学んだ中国は、不動産価格の高騰を見ながらも、バブル退治に走ることはなかった。一九八九年末から九〇年の初めに日本銀行の三重野《みえの》康《やすし》総裁（当時）が行ったような急速な公定歩合の引き上げを行わなかった。これがバブルが崩壊しない最大の理由だろう。

日本がバブル退治に走った理由は、経済的というよりも、政治的な側面のほうが大きかった——。

当時、「地上げ」という言葉が流行語になり、「地上げ屋」なる言葉も作られた。下町で豆腐屋を営む老夫婦の元にもこの「地上げ屋」が訪れ、豆腐屋の店舗を大金で購入したいという。それに対して老夫婦は、お金よりも商売を続けたいと答える。しかし、その一帯の土地を手に入れることができれば高層ビルを建設することが可能になる。まとまった土地は高値で売れるため、豆腐屋が一軒だけ土地を売らなければ困る。そんな際に地上げ屋は、暴力団などと組んで老夫婦に嫌がらせを行い、恐喝《きょうかつ》まがいのことも行った。

銀行や大手建設会社、あるいは不動産会社が、反社会的勢力と組んで金儲《もう》けに走る。これは社会から強い批判を招くことになった。

いまでこそ、三重野日銀総裁はバブルを崩壊させた張本人として、ある意味、悪名高い人物になっているが、当時は「平成の鬼平《おにへい》」などと呼ばれ、庶民の味方と考えられていた。

バブル崩壊の初期、庶民はバブル退治に喝采《かっさい》を浴びせた。それはうっぷん晴らしともいえるものだった。ただ、本当にバブルが崩壊して経済が長期にわたって低迷すると、失業などの形で、庶民はその被害を最も強く受けることになった。このあたりは、政治と経済の微妙な関係である。

共産党がデモや集会、そして言論の自由を封じている中国では、庶民の声は政治に反映されない。中国でバブルが崩壊しない理由は、中国当局が庶民の不満を無視して、純粋に経済的な理由だけで金利などを決めるためと考えられる。

それでも中国のバブルは崩壊する

しかし、中国のバブルは、既に崩壊し始めている。

ただ、それは日本人が一九九〇年代に経験したこととは異なり、崩壊が誰の目にも明らかになっているわけではない。北京や上海の不動産価格は依然、高い水準に留《とど》まっている。新しい産業が集積する深圳では、未だに不動産価格は上昇し続けている。

不動産バブルが崩壊しない理由は、前述の通り、日本のバブル崩壊を反面教師にして、細心の注意を払い、金融をコントロールしてきたからである。中国政府は日本のバブル崩壊に学び、日本と同じ轍《てつ》は踏むまいとしている。

ただ、中国政府だけがバブルを崩壊させない技術を持つに至ったというより、全世界がその技術を持つようになったと考えるほうが正しい。

バブル崩壊やそれによって生じる金融危機を回避する技術は、二〇〇八年に起きたリーマンショックによって格段に進歩した。我々は忘れかけているが、リーマンショック直後には、多くの人が世界は一九二九年と同じような大恐慌に陥るのではないかと心配したものだ。その危機感が日本では民主党（当時）政権を作り、米国では「変化」を掲げるバラク・オバマ氏を、初めてアフリカ系の大統領として選出する原動力になった。

だが、世界全体が大恐慌に陥ることはなかった。その最大の原因は、米国のベン・バーナンキFRB（連邦準備制度理事会）議長が、蛮勇をふるって市場に大量の資金を供給し続けたためだ。この大胆な金融緩和によって、世界は危機を乗り越えることができた。

それから一〇年ほどしか経過していないために、バーナンキ議長の危機対応を冷静に評価することは難しい。その評価は後世の歴史家にゆだねなければならない。

中国はバーナンキ議長の手法からも多くを学んだ。中央銀行が市場に大量の資金を供給し続ければ、金融機関の破綻《はたん》や金融不安の発生を防ぐことができる。崩壊がいわれながら、これまで崩壊しなかった理由は、中国の中央銀行が問題のある企業に資金を供給し続けたからである。

中国では金融についての情報開示は遅れている。そもそも中国には、政府の政策を非難する野党も政府を監視するメディアも存在しない。わが国で金融バブル崩壊を決定づけた住専国会など実現不能だし、危機に陥った金融機関の救済に苦労することもない。

だから中国政府はうまく舵取りをしているつもりなのだろう。しかし冒頭で述べたように、既にバブルの崩壊は始まっている。以下にその理由を示そう。

二〇四〇年も世界の中心は米国

日本にバブルを作った昭和とバブルが崩壊した平成では、何が異なっていたのだろうか？　その本質は、人口構成にある。昭和の時代には若者が多くいた。それは人口ボーナスといわれた時代だった。しかし、平成に入ると人口オーナス（重荷、負担）と呼ばれた。人口減少が経済成長の足を引っ張る時代に突入してしまったのだ。

人口減少によってうまく作動しなくなった社会システムの象徴として、年金システムを挙げることができよう。勤労世代からお金を取ってそれを高齢者に配るシステムは、若者の数が多い昭和の時代に適合したシステムであった。それを平成の時代に維持することは、そもそも無理なのだ。

人口ピラミッドは多くのことを教えてくれる。過去を語るうえでも未来を語る際にも、信頼性の高いデータといえる。一九九〇年、二〇一五年、二〇四〇年における日本、中国、米国、インドの人口ピラミッドを比較する（五七ページ以降の図表1〜4参照）。

ここから分かることは、以下のようなことになる。

① 中国の二〇一五年は日本の一九九〇年によく似ている。どちらもバブルの絶頂期である。また、中国の二〇四〇年が日本の二〇一五年によく似ている。それは、今後、中国が日本と同様に少子高齢化に悩む時代に突入することを示している。

② 米国は二〇四〇年になっても寸胴型《ずんどうがた》のピラミッドを保つ。これは移民の出生率が高いためである。二〇五〇年頃に全人口に占める白人比率は五〇%を割るとされるが、それでも人口は増え続ける。白人が少数派になることをもって米国の国力が落ちると考えるのは早計である。米国の活力は、その多様性にある。

③ 一九九〇年頃まで、インドは「マルサスの罠《わな》」と呼ばれる状況に陥っていた。それは人口増加率が高いために、経済が成長しても一人当たりの所得が増加しない状態を指す。しかし二〇一五年を見ると、子供の数が減り始めたことがよく分かる。それは経済成長を加速させる。インド経済が離陸したことは、人口ピラミッドからも明らかである。人口構成から見たとき、二〇四〇年のインドは壮年人口が多く、まさに国力の

絶頂期といってよい。二〇四〇年の中国の人口構成と比べると、二〇四〇年におけるインドの力強さが実感できよう。

④ 二〇四〇年になっても世界の中心は米国である。中国は少子高齢化に悩む現在の日本のような状況になる。米国と対峙《たいじ》する勢力にはなれない。米国と中国の背後にインドが迫る。現在、インドの一人当たりGDPは約二一〇〇ドルであるが、年率七％程度の成長を続けていることから、二〇四〇年に八〇〇〇ドル程度になる。もし、今後、中国が日本と同様に「失われた二〇年」に突入するようなことがあれば、インドのGDPが中国を上回る。

⑤ 二〇四〇年の日本は老人社会の極相ともいえる状態になる。そのような状況では、国際社会で名誉ある地位を占め続けることは難しい。人口構成を米中印と比較し、わが国の今後のあり方を冷静に議論すべきであろう。

人口構成が生む不動産バブル

図表1と五九ページの図表2を見ていただきたい。これは日本と中国の人口ピラミッドを示したものである。日本の一九九〇年の形と中国の二〇一五年の形がよく似ていること

図表１　日本の年代別人口構成

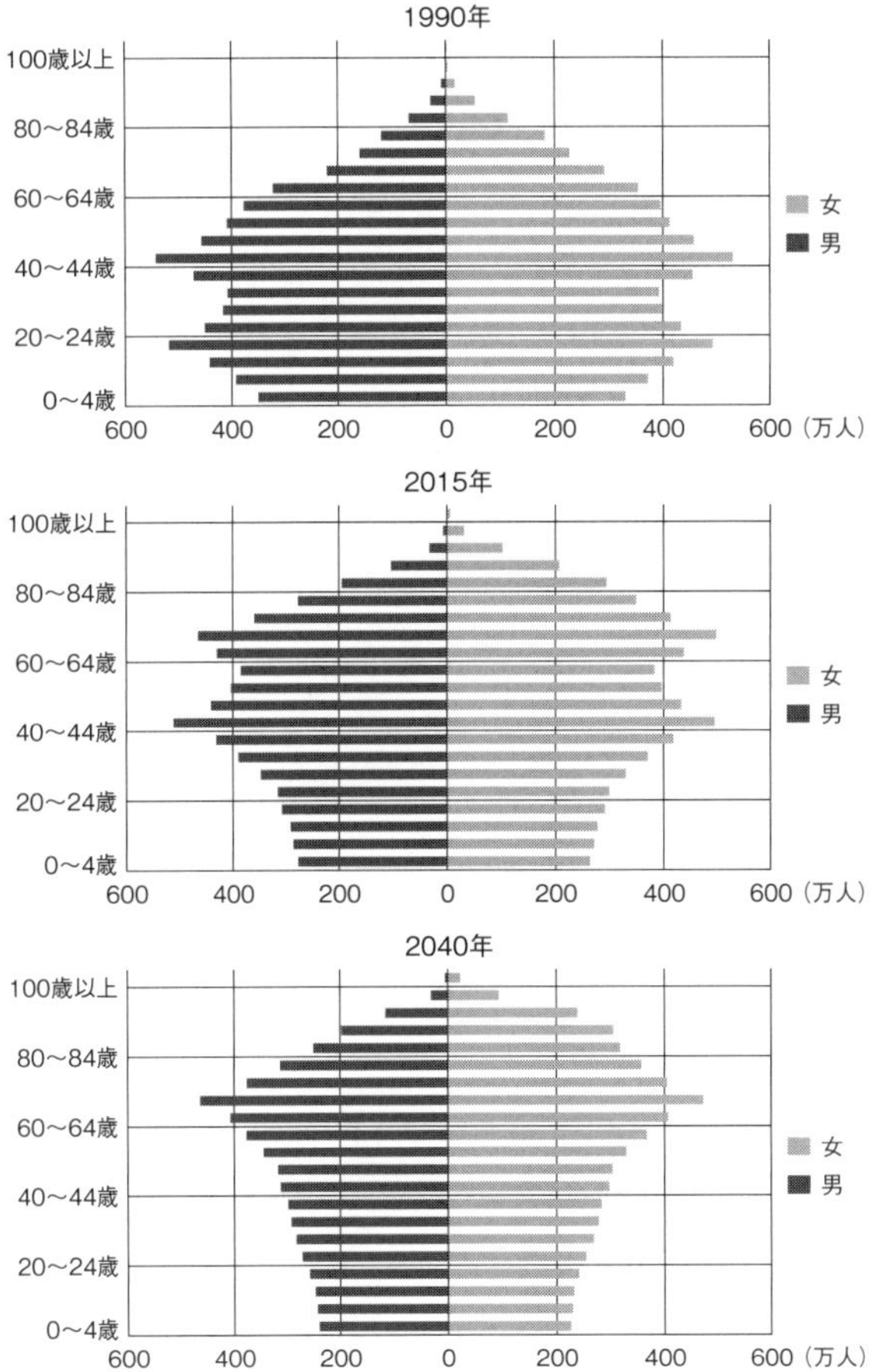

出所：国連人口局2017年資料

に気が付くだろう。

前著『戸籍アパルトヘイト国家・中国の崩壊』で述べたことだが、日本と中国には団塊《だんかい》の世代や団塊ジュニア世代が存在する。その理由については前著を読んでいただきたいが、それは六一ページの図表3に示す米国の人口ピラミッドと大きく異なっている。団塊や団塊ジュニアが存在する国はそう多くない。

未来を予測するうえで、人口の動向は最も頼りになる。人口動態に基づいた予測は、よく当たる。そうであるなら、中国経済は日本経済の二五年後を追いかけることになる。

中国の二〇〇五年から二〇一五年は日本の一九八〇年代に相当する。まさにバブルの時代である。日本のバブルは一九九〇年に崩壊した。

そういえば、奇しくも中国の株式市場は二〇一五年に崩壊している。ただ中国は、先述したように、日本のバブル崩壊やリーマンショックの経験に基づき、市場に大量の資金を供給した。そうして不動産バブルの崩壊を防いでいる。

だが、人口ピラミッドは確実に変化している。不動産バブルは田舎から都会に出てきた団塊世代が四〇歳に近づく頃に生じる。田舎から出てきた若者は、当初、賃貸アパートに住む。しかし、四〇歳に近づく頃になると自分の家が欲しくなる。それが不動産バブルを

図表２　中国の年代別人口構成

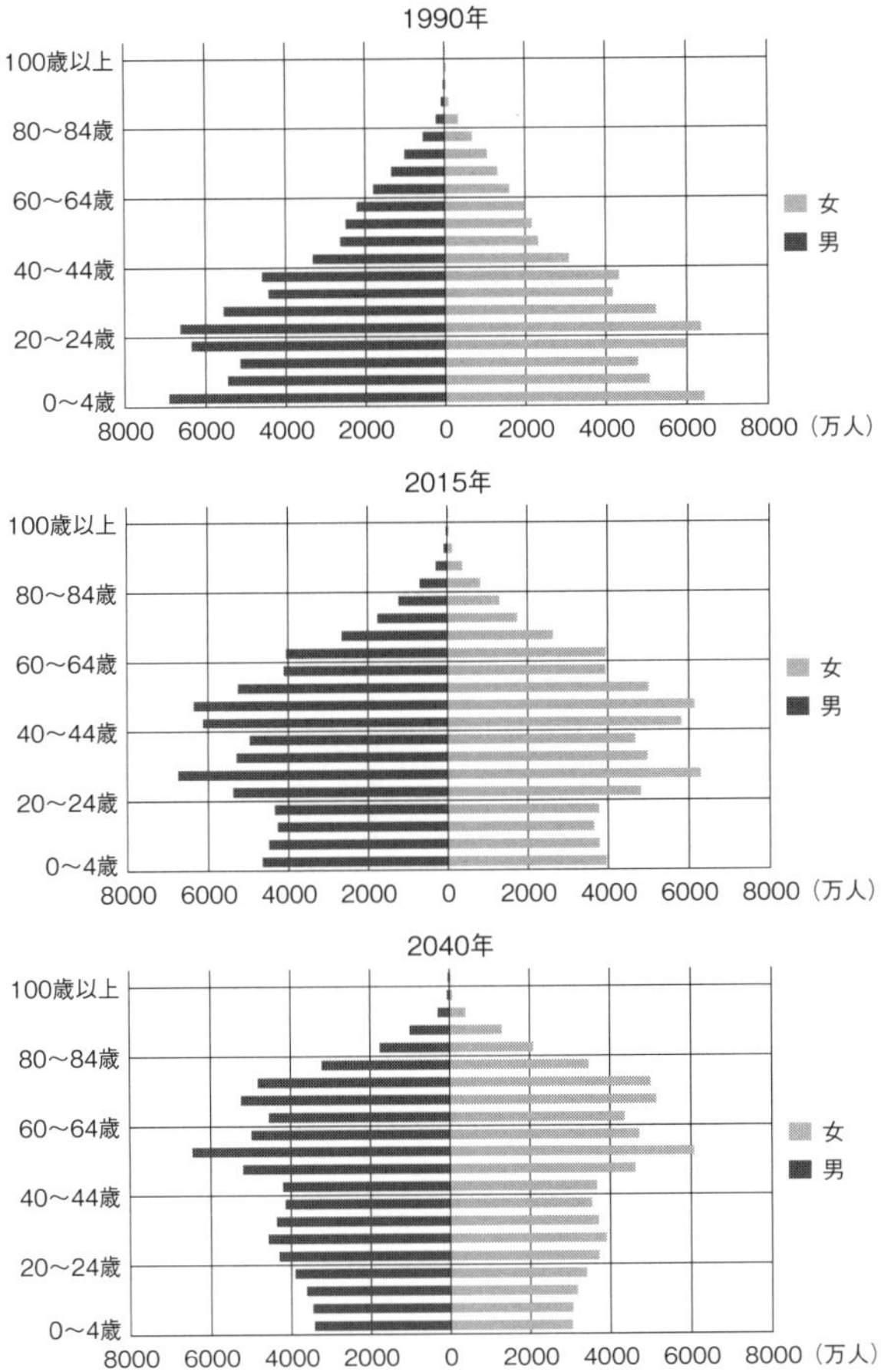

出所：国連人口局2017年資料

生む。それが日本では一九八〇年代だった。

しかし、一九九〇年代に入ると、それなりの収入がある団塊の世代の人々は、ほぼすべてが家を購入してしまった。だから「平成の鬼平」と呼ばれた三重野日銀総裁による金融の急速な引き締めがなくとも、不動産価格は下落に転じたであろう。

現在の中国の状況は、一九九〇年代初頭の日本にそっくりである。中国で家を買うほどの収入のある中高年は、ほとんどの人が家を購入してしまった。それどころか、固定資産税のない中国では、貯蓄代わりに家を購入することが多く、中産階級は家を二軒、三軒と保有している。そして、素人《しろうと》が家を他人に貸すと何かとトラブルが発生することが多い中国では、その多くが空き家になっている。

ここで忘れてはならないのが、中国が超格差社会であること。中国で都市に住む人の約半分は現在でも農民戸籍であるが、農民戸籍を有する人の多くは低賃金労働に従事しており、その多くは住宅を購入できない。だから、都市の中産階級が貯蓄のために保有している空き家を、農民工（都市に出て働く農民）が買うことはない。

付言するが、近い将来、中国の国力が米国を上回り、「パックスチャイナ」ともいう状況が出現するという識者がいるが、中国と米国の二〇四〇年の人口ピラミッドを見比べて

図表3　米国の年代別人口構成

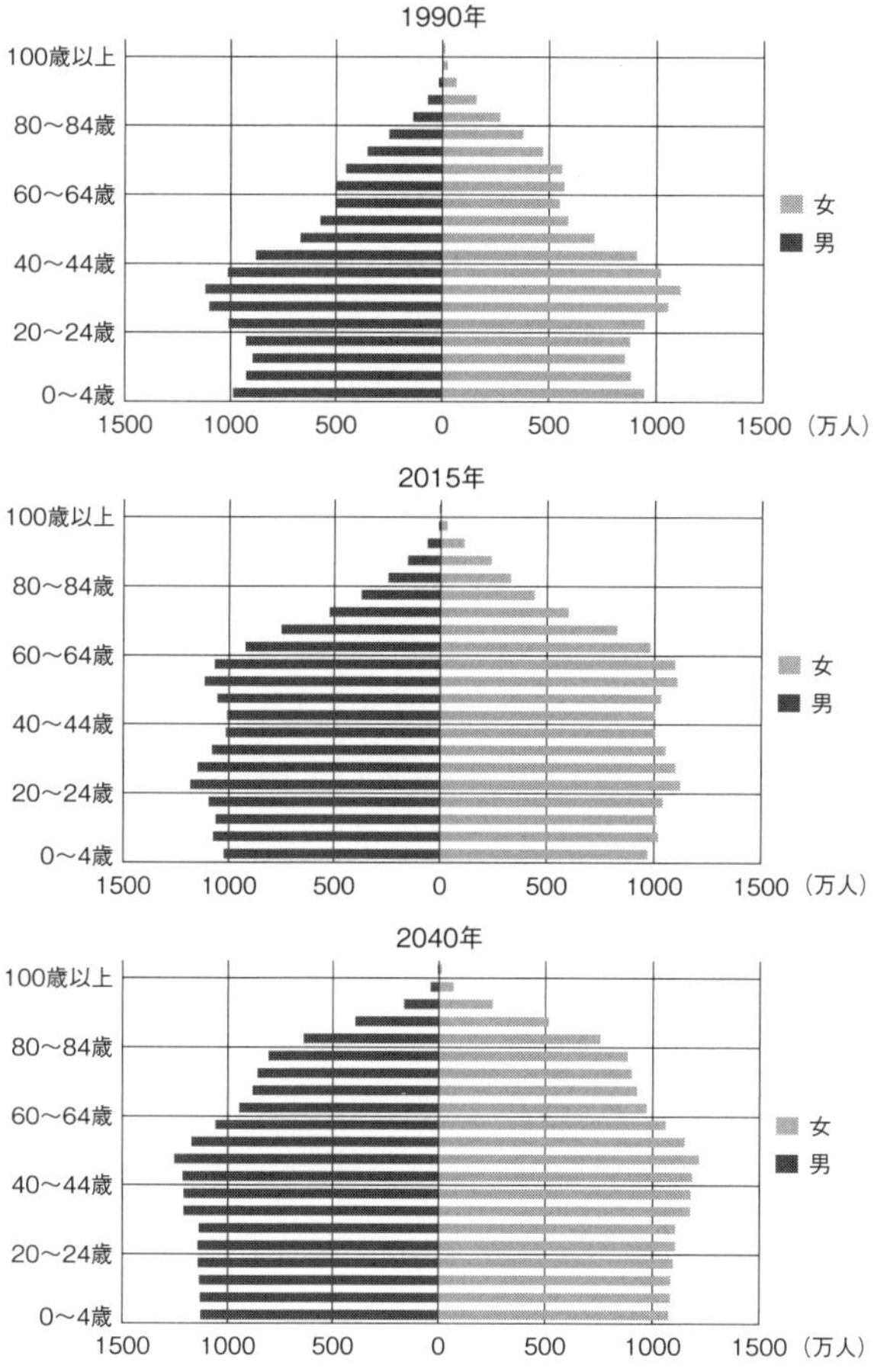

出所：国連人口局2017年資料

図表4　インドの年代別人口構成

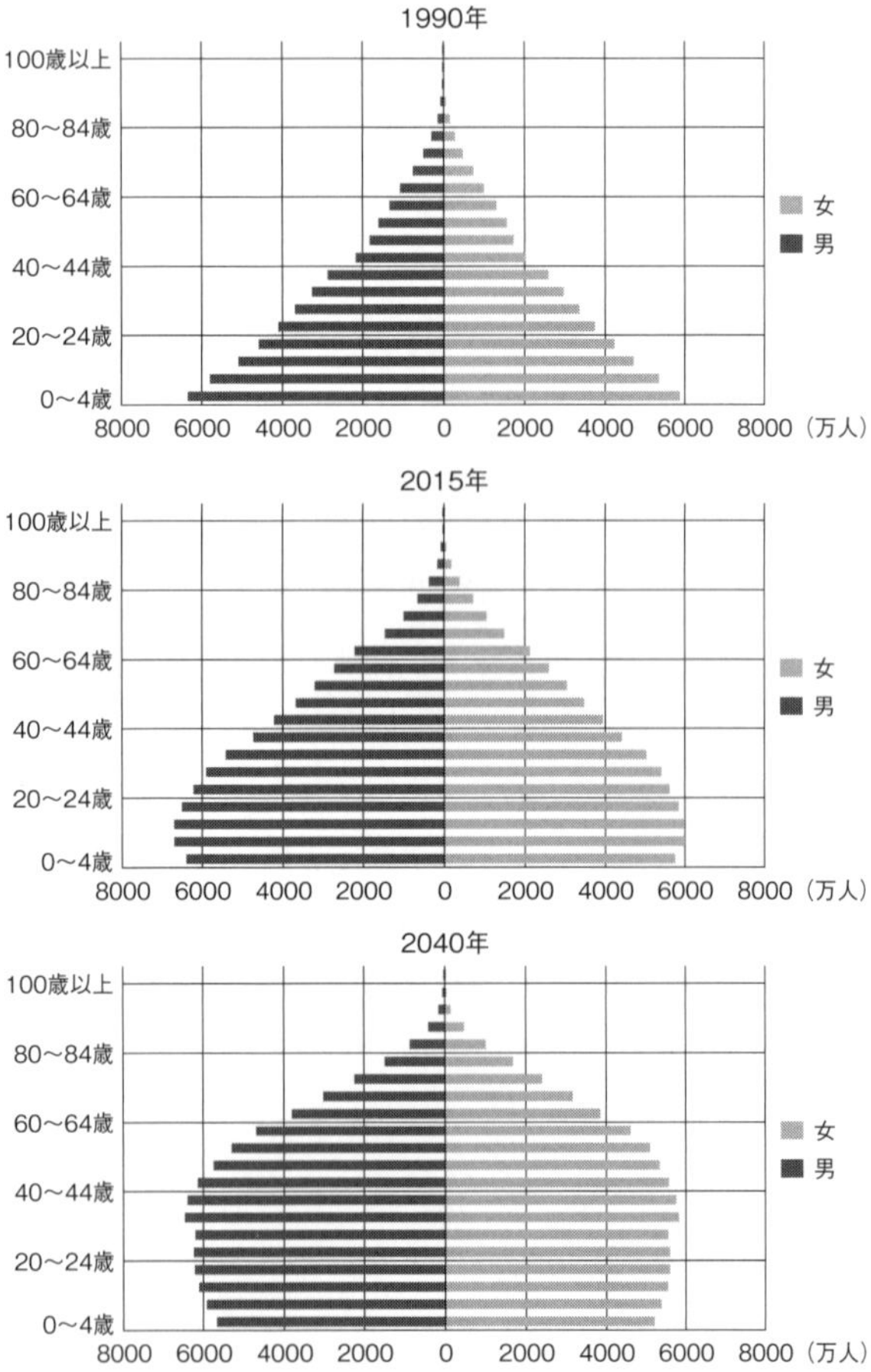

出所：国連人口局2017年資料

いただきたい。

二〇四〇年になっても、米国は寸胴型のピラミッドを維持する。それに対して中国は、現在のわが国のように、少子高齢化に悩む国になる。人口ピラミッドを見る限り、二〇四〇年頃に中国が世界のリーダーになることはない。

参考のために二〇四〇年のインドの人口ピラミッドを図表4に示すが、二〇四〇年のインドはちょうど人口ボーナスを享受している時期に相当する。今後、二〇年ほどインドが年率七%の成長を続けると、一人当たりのGDPは、現在の中国と同じ八〇〇〇ドル程度になる。先進国の入り口に達するのだ。しかしそのときでも、インドの人口構成は若い。

二〇四〇年頃、世界の話題の中心は、中国ではなくインドになっている可能性が高い。

貿易戦争で不動産バブルが大崩壊

現在、中国では住宅の実需は大きく減少している。そして、米国との貿易戦争が始まった。その貿易戦争は二〇一八年から激化した。トランプ大統領の性格に依拠する部分も大きいといえるが、たとえ大統領がトランプ氏でなくとも、それは早晩、問題化したであろう。

日本も一九八〇年代から二〇〇〇年頃まで、貿易を巡って米国と激しく対立した。そして、それは不動産バブルが崩壊する原因になった。

なぜなら、不動産バブルは貿易黒字を抱える国で大きく膨れるからだ。というのも、貿易で大儲けして貿易収支が大幅な黒字になっても、そのお金の使い道がない。日本も中国も、儲けたお金の多くを米国の国債の購入に充てた。そうしなければ米国が破綻《はたん》して、日本や中国から製品を買ってくれなくなるからだ。

ただ、使い道はそれだけではない。儲けたお金で世界中のあらゆるものを買いあさることができる。

一九八九年、三菱地所は、ニューヨークのロックフェラーセンタービルを買った。それは「米国の心を買うものだ」とされ、多くの反発を招いた。このことを記憶している人も多いだろう。

その姿は、ここ数年の中国に重なる。中国人は米国の不動産だけでなく日本の不動産も買いあさっている。それが田舎の土地にまで及んだために、人々の疑心暗鬼を呼び、近くに基地や水源がある場合には、その買収が防衛問題との絡《から》みで問題にされることもあった。ただ、防衛問題との関係で深読みする必要はないと思う。

多くのケースで、それはただの不動産の買いあさりである。中国マネーの場合、汚職など不正な手段で得たお金も多く、目立つ場所を買いたくない。そのため田舎の森林などを買ったのだろう。それが水源地や自衛隊の基地の側《そば》であったために、かえって話題になってしまったのだ。

ただ、そんな中国の動きに変化が起きている。二〇一六年頃から中国政府は、国外への資金の持ち出しを制限し始めた。それによって、米国の不動産に流入する資金は急速に減少しているのだ。

そういえば、中国人が東京湾岸の高層マンションを買いあさっているという話も、このごろ聞かなくなってしまった。

中国政府が資金の海外持ち出しを制限するようになったのは、貿易によって得る収入が伸びなくなったためである。トランプ大統領が貿易問題を持ち出す以前に、中国の貿易黒字額は伸び悩むようになっていた。だから、そんな状況で資金を海外に持ち出されては、国内に資金が回らなくなってしまう。それは中国の不動産バブル崩壊の切っ掛けになる。中国政府はそれを恐れたのだ。

それに加えて、トランプ大統領が仕掛けた貿易戦争である。今後、中国の貿易黒字は減少せざるを得ないだろう。そうなれば、中国の都市部で不動産を買いあさる資金も減少する。

貿易黒字は不動産バブルの燃料であった。燃料が不足すれば、いくら金融をうまく操作したとしても、不動産価格は下落に転じよう。既に、北京、上海、広州、深圳といった、中国人が住みたいと思う四つの大都市を除けば、不動産価格は顕著な低迷を示すようになった。

経済成長に特化したシステムの罠

米国との貿易戦争が中国経済に及ぼす影響は不動産価格だけではない。中国の奇跡の成長を可能にしたシステムの根幹が揺らぎ始めた。

中国の奇跡の成長は、前著で示したように、農民工を奴隷《どれい》のようにこき使って工業製品を作り、それを輸出することによってもたらされたものだ。しかし、米国との貿易戦争の勃発《ぼっぱつ》が示すように、これ以上貿易に依存した成長を続けることはできなくなってしまった。

そのような事態を受けて、中国政府は、輸出に依存した経済を内需に依存した経済に改めると宣言している。しかしそれならば、前著で示したように国民の三分の二を占める農民戸籍を持つ人々に、都市戸籍と同等の権利を与えなければならない。

国民の三分の二が虐《しいた》げられたままの状況にあるなら、消費が盛り上がることは、未来永《えい》劫《ごう》ないだろう。

だが、都市戸籍を持つ中産階級は、農民工を奴隷のごとく使うことによって豊かな生活を享受している。そう簡単に都市住民と農民を分ける壁を崩すことはできない。

実際、二〇一八年の全国人民代表大会では、憲法改正によって習近平が終身独裁者として振る舞うことが可能になった。しかし、そのような大胆な改正を行った大会でも、農民戸籍が大きな話題となることはなかった。引き続き、これからの検討事項ということで片づけられてしまったのだ。

習近平率いる共産党は経済成長に特化した古いシステムである。いま経済が成熟した中国を動かそうとしているが、それは難しい。そして、習近平を始めとした共産党の幹部は、そのことに気付いている。

それが「デジタル文化大革命」という悲劇の幕が切って落とされることにつながった。

コラム　中国の「デジタル文化大革命」、そして韓国とベトナムと日本の科挙

中国で五九八年から一九〇五年まで、王朝でいえば隋から清までの約一三〇〇年にわたって採用されてきた官僚採用試験「科挙」も、広い国土において地方が反乱を起こさないために導入した制度である。

ベトナムも韓国も、そして日本も、中国が発明したこの科挙を導入した。しかし、その導入の仕方が大きく異なる。

中国の科挙は男子であれば誰でも受験できる、ある意味、平等なシステムである。平等であるから、科挙に合格した人々が尊敬される。それが中国の科挙である。そうして科挙に合格した官僚は、皇帝の権限を強化・維持するため全国に派遣され、皇帝の代理人として振る舞った。この伝統は、今日でも、抜き難く中国人の心のなかに存在し続けている。

しかし、朝鮮は科挙を違った形で取り入れた。それは受験資格を両班《ヤンバン》（支配階級の身分）という特権階級に限って与えたことに起因する。このあたりは時代によって少々異なるが、中国では貴族制度をなくすために行われた科挙が、朝鮮では両班とい

う貴族制度を強化する手段として使われたことだけは確かだ。

朝鮮人は科挙の本質を理解しなかった。広大な中国において、地方に貴族を作り出さないため、そして皇帝の代わりとなり得る人物を選ぶための制度、それが科挙である。だから誰にでも受験資格がある。文句があるなら、一生懸命勉強して合格してみろ——そういえるところが科挙官僚の強みであり、権威の正統性につながる。受験資格を限れば、その権威の正統性を失うし、狭い朝鮮半島では、皇帝の代理人に地方を統治させる必要もなかった。

それにもかかわらず、先進国である中国の制度を、形だけ真似した。しかし、それは差別を強化する働きしか持たなかった。

両班というだけでも偉いのに、その両班のなかから科挙の合格者を作り出した。だから合格者は庶民に対し、徹底的に尊大に振る舞った。もともと貴族だった彼らは、庶民を馬鹿にして、徹底的にこき使った。その伝統は、大韓航空の創業者ファミリーがやらかした「ナッツ・リターン事件」にまで息づいている。

そんな社会は、経済成長しても、人々を幸せにすることができない。日本では学歴信仰は下火になり、受験地獄もだいぶ緩和されたが、韓国の受験地獄は過熱するばかりである。そして、財閥系企業に入れるかどうかで人の一生が決まる。こうした社会では、経済は豊かになっても、住む人は幸せになれない。

朝鮮人は科挙の本質を理解せずに形だけ導入したことが、社会に強いストレスを作り出した。それが激しやすい国民性を作ったのか。時には過去の日本の支配を大声で非難し、時には大統領経験者を逮捕して、みんなで叩く。

ベトナムも科挙を導入した。しかし長いあいだ、ベトナムが支配する地域は、ハノイを流れる紅河周辺に限られていた。その支配地域は狭く、そして国土の多くが水田地帯であったため、大軍を自在に動かすことが難しく、そんな国では王権が村のなかにまで浸透することができなかった。

水田地帯では長老を中心とした村落自治が行われていた。ベトナムには「王の命令も村の垣根まで」という諺《ことわざ》がある。この言葉はベトナム政治のあり方を表す。

こうした国では科挙官僚は必要ない。ただ、ベトナムは中国に接しており、その影響を強く受けた。そして、中国に対してはへりくだるが、東南アジアに対しては自分たちだけが文明国であると威張る習性を身に付けた。そんなベトナムは、文明国であることを周辺に宣伝するために、科挙を導入した。

ハノイには文廟《ぶんびょう》という儒教の祠《ほこら》がある。そこには歴代の科挙合格者の氏名が刻まれた数多くの石碑がある。面白いことに、科挙合格者の幾人かが学者になっている。官僚としての需要のない国で科挙を行うと、その合格者を学者にするくらいしか使い道がなかったのであろう。

ベトナムでは政治家は学位を必要とする。政治家になるうえで博士号は有意に働く。しかし、王権が弱く科挙官僚が地方で威張る伝統が根付かなかったために、中国や韓国ほど受験に狂奔《きょうほん》する社会にはならなかった。その勉学に対する考え方は、中途半端に中国文明を取り入れた日本に似ている。

その日本は、この科挙を、明治になるまで導入しなかった。その理由はいろいろと考えることができるが、そもそも朝鮮半島やベトナムと同様に小さな国であるから、科挙を導入する必要がなかったといえる。

江戸幕府を作ったとき、科挙を導入してもよかったのかもしれない。しかし、徳川《とくがわ》家康《いえやす》は、中国のような強力な中央集権国家を作ろうとは思わなかった。そして、大名による地方自治（封建制）を認めた。

そんな日本も明治になると、思い出したように科挙を導入した。その動機は、世襲制では西欧に後れをとってしまう、成長を加速するためには人材を広く募集しなければならない、そうした思いだった。

「天は人の上に人を造らず」——血統と門閥主義を否定したいと思った。だが、そのときに広く世界を見回して深く考えることなく、中国の科挙を導入してしまった。本来、ペリー率いる黒船に驚いたのだから、米国型の実力主義を導入すべきであった。

だが、明治の日本人は、欧米のシステムをよく理解できなかったようだ。昨今、明治維新を攻撃する本が出ているが、筆者は明治維新の最大の過《あやま》ちは、世襲をなくすために米国のシステムを導入するのではなく、中国の科挙を導入してしまったことだと考えている。

日本の科挙とは、帝国大学の設置と高等文官試験（現在は国家公務員採用総合職試験）の導入である。黒船を派遣した米国の人事制度を取り入れることはなかった。もし、このとき米国の人事制度を取り入れていたら、その後の日本の針路は大きく違っていただろう。社会のあり方も違っていたはずだ。

米国でも学歴は重要だが、それですべてが決まるわけではない。組織に入ってからの実力がものをいう。そして、官僚は政治家の命令に従って働く。米国は旧世界であるヨーロッパから逃げ出した人々が作った国なので、世襲や門閥主義を嫌う。

科挙は資格試験である。実力主義といっても、その試験は官僚になるときだけ。ひとたび官僚になってしまえば、その身分は安定する。そしてその公務員試験も、科挙の試験問題が儒教の経典《きょうてん》に基づいて行われたように、実際に官僚になってから行うことと乖離《かいり》している。

科挙の試験対策は、経典の丸暗記である。若いときにそんな試験に受かった人間が、順調に出世の階段を上ると、いつしか政策を決めるようになる――これが中国の科挙制度である。それをそのまま明治の日本に導入した。

官僚制度では高等文官試験に上位で合格することが重要である。これは科挙において、トップを状元《じょうげん》、二番を榜眼《ぼうがん》、三番を探花《たんか》などと呼んで優遇した中国の伝統に基づく。ちなみに、陸軍士官学校や海軍兵学校も同様のシステムを導入した。海軍では、兵学校の卒業順位をハンモックナンバーといって、それはその後の人生を大きく左右した。日露戦争を戦った上級軍人は江戸時代の武士、正確には明治維新の際に白《はく》刃《じん》の下で戦った下級武士であったが、太平洋戦争は陸軍士官学校や海軍兵学校の上位卒業者が指導した。何が成功の原因で、何が失敗の原因か、ここからも分かる。

ただ、江戸時代の村社会になじんでいた日本人は、科挙を約一三〇〇年にわたって行ってきた中国とは異なり、心の底では科挙は好きになれない。その結果、学歴社会と公務員制度に好意を持つ日本人は案外少ない。

小さい頃から秀才で、東京大学法学部を出て財務省に勤務することが可能だと思う者は、その制度をありがたいと思っているだろう。だが多くの日本人は、ただ学校の勉強ができたというだけで威張り散らしている人々に対し、敵意を抱いている。だから時にスキャンダルが起きると、マスコミは寄って集《たか》って彼らを叩く。

そのような風土のなかでバブルが崩壊し、受験エリートらがリードする社会の限界が露《あらわ》になると、明治時代に作られた官僚制度も、東京大学の権威も、非常な勢いで崩壊し始めた。平成とは、明治に導入した科挙制度が崩壊した時代といえる。

このあたりの感覚が中国では大きく違っている。現在でも、官僚や北京大学の権威は少しも揺らいでいない。科挙制度は中国人の心のなかに深く染みついており、学歴と官僚信仰はなくならない。

科挙を理解することは、現代中国を理解するうえでも、既得権者だけが生き延びるための方策たる「デジタル文化大革命」を知るうえでも、極めて重要である。

第二章　インターネットと独裁の親和性

中国で進行中の『一九八四年』

中国の「デジタル文化大革命」は、一九四八年にイギリスの作家であるジョージ・オーウェルの書いたSF小説『一九八四年』（一九四九年発表）を思い起こさせる。この小説は、スターリンの独裁を批判することを目的に書かれた。当時の人々もスターリン批判として読んだのだ。が、小説は未来を舞台にしている。そのため、執筆した年、一九四八年の下二桁を逆にして、「一九八四年」を本の題名にしたともいわれる。

そこに描かれるのは、独裁と監視社会が組み合わさった世界であり、読み進めると独特な世界観に引きずり込まれる。それは著者の筆力によるものではあるが、背筋も凍る不気《ぶき》味《み》さを感じるところが、独裁を批判する小説として古典的な評価を得た所以《ゆえん》だろう。

ヒトラーの独裁を経験し、またスターリンの独裁が現在進行形だった時代に書かれたが、その小説の独創性は、当時開発が進んでいたテレビやコンピューターなどの技術を先取りしている点。それらによる独裁を描いた。だからSF小説なのだ。

この小説には、双方向のテレビであるテレスクリーンなるものが登場する。当時、テレビはまだ一般には普及していなかったが、小説のテレスクリーンは部屋に置かれたテレビであり、それが人々の行動をも監視する。それから逃れるには、テレスクリーンの死角に移動しなければならない。

そして、すべてのマスコミは常に政権にとって都合のよいデマを流し続ける。人々は、戦争と貧しさのなかでも、いつしかそれに慣れ親しんでしまう。このあたりも、読み進むうちに戦慄《せんりつ》を覚える。

だが、それはSF小説ではなくなった。本書で述べる中国の「デジタル文化大革命」は、まさにジョージ・オーウェルの『一九八四年』を彷彿《ほうふつ》とさせるものがある。小説のなかではテレスクリーンが国民を監視していたが、「デジタル文化大革命」ではインターネットが監視の武器になる。

インターネットと独裁の相性は

ネットと独裁は極めて相性がよい。その気になればネットで交わされる通信の中身を見ることができるからだ。

私たちが日常使うメールは誰かに覗《のぞ》き見されている可能性がある。米国の諜報機関はイスラム国など過激派の活動を監視するため、全世界のメールを盗み読みしているとされる。

ただ、先進国ではプライバシーや信書の秘密は保障されている。警察といえども、日常的に我々のメールを覗き見ているということはないはずだ。テロなどに関連しない限り、信書の秘密は守られている。

ネットを見ていると、自分が興味を持つ分野の広告が出現することは、誰もが経験することである。またアマゾンから、「こんな本に興味はありませんか？」というメールをもらうことも多い。

なぜか？　我々がどのホームページをよく見ているか、グーグルやアマゾンは知っているからだ。そのデータを処理することによって、我々の嗜好《しこう》を知り、それにしたがって広告を出現させたり販促メールを送ったりするのだ。

ネットを閲覧《えつらん》するだけで、我々がどのような分野に興味があるのか、グーグルやアマゾンは知ることができる。これは、いまのところそれほど大きな問題にはなっていないが、怖い部分を含む。

ネット社会があまりに急速に発展したために、先進国でも、社会のルール作りや倫理の問題が追い付いていかない。

ネットで使える言葉が激減中！

　習近平政権は、ネットを通じて共産党独裁に都合《つごう》の悪い情報が拡散することを恐れている。それが、第二の「アラブの春」を惹起《じゃっき》する可能性があると思っているからだ。そのため、習近平政権にとって都合の悪いことをブログなどに書くことは禁止されている。もちろん、メールでそのような情報を流すことも禁止されている。

　ネットの検閲には多くの人が関わっている。数十万人にも及ぶ人員を擁する機関がネットの監視に当たっているとされるが、その全容は、ほとんど明らかになっていない。一三億人もの人間を監視するのだから、数十万人が働いていてもおかしくない。その組織は、ネットの発達に伴って大きくなったとされる。

　だが、組織が大きくなればなるほど、傍目《はため》にはおかしいと思うことが生じる。大きな組織の中間管理職の手柄争《てがらあらそ》いなのだろう、昨今、滑稽《こっけい》な状況が垣間見《かいまみ》られるようになった。

　たとえば、ブログやネットに「習近平」という文字を書き込むことができない。習近平は気が小さいようで、悪口をいわれるのが嫌なのだろう。習近平という単語は「敏感詞（不適切な単語）」ということで、中国のネットでは自動的に削除されてしまう。つまり、ネットでは習近平という用語を使って文を組み立てることができないのだ。

まあ、これはいいとしよう。そこからが滑稽なのだが、現在、独裁色を強める習近平を多くの人が「皇帝」と考えるようになった。これは、ごく自然な発想であろう。だが、共産党はその発想が気に食わない。そのために「皇帝」という単語も敏感詞にしてしまった。しかし、皇帝という言葉が使えないのなら、ブログやメールで中国の歴史を語ることはできない。

それでもまあ、皇帝ぐらいなら大目に見よう。それは中国共産党が習近平を皇帝だと考えている証拠と考えれば我慢もできよう。ただ、「肉まん」が敏感詞だといわれると、事情を知らない日本人は当惑する。また、その理由を知れば滑稽に思える。

肉まんが敏感詞になった理由は、習近平が総書記に就任した直後に、その庶民性をアピールするために、北京の老舗《しにせ》で肉まんを買って食べたことに由来する。そして、ちょっと太った習近平の容貌が肉まんに似ていることもあり、習近平を肉まんに見立てた漫画が密かに流布《るふ》した。若者が陰で習近平を「肉まん野郎」などと呼ぶこともある。若者が指導者をニックネームで呼ぶことは、どの国でも見られる現象であり、さして目くじらを立てることのようには思えない。

しかし、当局は肉まんを敏感詞に指定し、ネットでは使えないようにした。が、これはかなり不便だ。たとえば、「帰りに肉まんを買ってきて」「お土産《みやげ》にもらった肉まん、美味しかったよ、ありがとう」……こんなメールを送ることができなくなってしまった。

そして、小太りでちょっと動作が鈍い習近平の振る舞いは、ディズニー作品の「くまのプーさん」にも似ている。そのため習近平を隠語で「くまのプーさん」と呼ぶことも流行《はや》った。その結果、「くまのプーさん」も敏感詞になってしまった。これでは、おちおちネット上で漫画について語ることもできない。漫画について論評していると、共産党に批判的な者に見られる可能性があるからだ。

この滑稽な出来事は、肥大化したネット検閲機構の役人が、新たな仕事を見つけ出した結果だろう。役人の数を増やすと、どの国でもろくな結果を生まない。

「天安門事件」「大躍進政策」「文化大革命」「毛沢東」……これらが敏感詞であることは理解できる。だが、「パンダ」という言葉までが敏感詞になっていると聞くと、事態の深刻さが分かる。

これは中国語が分からないと理解できないのだが、パンダは国宝とされている。そして、その「国宝」の読み方が、国内安全保衛局（公安警察）の通称「国保」と同じであるからなのである。

若者用語では、警察官をパンダという。「昨日《きのう》、パンダに呼び止められた」「そんなことをいっていると、パンダが来るぜ」……若者のあいだでは、そのような言い方が流行っている。それを聞きつけた当局がパンダも敏感詞にしてしまったのだ。

これらは一例だが、言葉は時とともに移り変わる。特に若者用語の移り変わりは激しい。それはどこの国でも同じだ。だから、一つの言葉が禁止されると、若者は新たな言葉を使って、習近平や共産党を揶揄《やゆ》する。それを当局が見つけて敏感詞にする。すると、また新たな言葉が流行る。こんなことが繰り返されている。

こうしていま、中国ではネットで使用できる単語はどんどん減少している。まさに、言葉狩りの時代になっているのだ。

ここに取り上げたことは、中国ではよく知られた話である。付記すれば、天安門事件の日時を連想する「6・4」や「8964」などの数字の組み合わせも使用禁止である。これらのことは、既に『マンガで読む嘘つき中国共産党』（新潮社）に紹介されている。著者である王立銘《おうりつめい》氏（ペンネームは辣椒《ラージャオ》）は、ネット上に中国共産党と習近平に対する風刺漫画を描いていたが、その結果として米国へ亡命せざるを得なくなった。

中国では、ネットに政府批判を書き込むことは人生を懸けた行為となる。ペンネームや匿名《とくめい》でも人物が特定されてしまい、漫画的な表現であったとしても、それが冗談で済まされることはない。

ビッグデータで探す反体制的人間

当局のネットに関する監視はこれだけではない。当局はネットで送られる情報を常に監視している。これは、貴州省に造った秘密の巨大監視センターが、高性能コンピューターを使って行っているといわれる。ただ、その実態は不明。そして、分からないぶんだけ不気味で、いろいろな情報が街に広まっている。

ビッグデータに関する研究が進むにつれて、監視の目は精度を増しているとされる。そのために何気《なにげ》ないメールでも、その底意に当局に対する批判が隠されていれば、当局はその人物を要注意人物としてマークすることができるとされる。そんな噂《うわさ》が立てば、自分の考えの一端でさえ、怖くてメールで送れなくなる。

もはや、中国ではブログやメールで自分の意見を陳述することは、たとえそれが政権批判ではないにしても、行わないほうが無難だ。当局にどう捉えられるか分からないからだ。

意見の陳述だけではない。ネット上での監視の目は、すべての分野に及ぶ。どの画面を見ていたか、その情報も当局に把握《はあく》されていると考えたほうがよい。中国ではグーグルやヤフーの使用が禁止されている。中国の検索サイトを使うしかないのだが、何を検索したかまで当局に把握されていると考えたほうがよい。

そして、海外のサイトを見ることも難しくなっている。その規制は、二〇一七年あたりから急速に厳しくなった。

二〇一六年頃までは、中国に出張した際、グーグルは使えないもののヤフーを使用することが可能であり、日本の新聞のホームページにも接続することができた。その頃でも、ホームページにはアクセスできるが、個々の記事を読もうとすると、いちいち敏感詞が入っていないかどうか監視の目が入るため、二分から三分程度待たなければならないことが多かった。が、それでもいくつかの記事は閲覧できた。

——しかし二〇一七年の秋頃からは、それもほとんど不可能になってしまった。

VPNを使うと就職できない？

それでは不便なので、中国で活動する企業はＶＰＮ（Virtual Private Network）を使って海外のサイトにアクセスしている。海外に留学経験がある中国人もＶＰＮを使って海外のネットを見ていた。

しかし、このところＶＰＮに関する規制が厳しくなった。それまでも、中国人がＶＰＮを使って海外のサイトにアクセスすることは禁止されていたが、二〇一五年頃までは、その規制もそれほど厳しいものではなく、多くの若者がそれを使って海外のサイトにアクセスしていた。

二〇一八年に入って、それは危険な行為になった。当局はＩＰアドレスから誰がＶＰＮを使っているか、把握している。その結果、よほど勇気があり、当局に捕まってもよいと考える人以外、ＶＰＮを使うことをためらうようになった。

現在でも、北京から遠い広東省では、海外からの客が多いためか、高級ホテルではＶＰＮを使って海外のサイトにアクセスできる。中国の若者は、このようなホテルからなら海外のサイトを見てもよいが、たとえ広東省でも、自分のパソコンでＶＰＮを使うことはしない。それは当局に要注意人物としてマークされることを意味するからだ。

要注意人物とされれば、就職や昇進などあらゆる場面で不利益を被ることが予想される。若者はそれを恐れているのだ。

最近、中国では、若者が条件のよい職場に就職することは難しくなっている。就活は学生にとって極めて重要である。多くの学生は、VPNを使っていることが当局から会社に報告され、就活が不利になることを恐れている。

一方、中国で活動している企業は、中国が提供するVPNを使うことを求められている。だが、その使用料金は高く、またそれを利用した場合、通信の内容を当局に知られる可能性が高い。このことは、現在、中国に進出している外国企業と中国政府のあいだで大きな問題になっている。

中国政府は、自分たちが提供するVPNで「あなたの情報はすべて見ていますよ」などとは決していわない。だから、交渉しようにも交渉することすらできない。このような状況では、今後、中国に進出しようと思う企業は減少するだろう。

「アラブの春」を恐れるがゆえに

なぜ中国共産党は、国民が海外のサイトにアクセスすることを極端に恐れているのか？

それは、海外に住む中国人が中国語で各種のニュースを配信しているからだ。郭文貴《かくぶんき》の話が有名だ。現在、彼は米国に事実上「亡命」状態にある。

彼は中国で財を成した実業家である。が、おそらくは共産党幹部と利権に関して揉《も》めたことが原因で、二〇一五年に米国に逃亡した。その後、共産党の有力幹部との交流で得たと思われる内部情報を、暴露し続けている。

特に王岐山《おうきざん》に関するスキャンダルは有名だ。王岐山の家族が汚職により莫大な財産を得たことを、証拠を挙げてネットで糾弾《きゅうだん》している。王岐山は習近平の腐敗撲滅運動の急先鋒として八面六臂《はちめんろっぴ》の活躍をした。その家族が汚い金を蓄えているのだとしたら、習近平も中国共産党も面目《めんもく》丸つぶれである。

郭文貴が公表した内容がどこまで本当かは分からないが、中国共産党がその言動を異様に恐れていることを見ると、かなりの真実が含まれているのだろう。彼だけではない。海外には多くの中国語サイトがあり、中国語で情報を発信し続けている。

その中身は、日本で国内政治の裏話が日本人向けに発信されるのと、さほど変わらない。多くは中国人向けに中国政治の裏話を書いているに過ぎない。しかし、そのような裏話ですら、中国共産党は気に食わない。

このように少しの批判も許さないことは、旧ソ連にも通じる共産党の持つ体質とも考えられる。が、真の理由は、中国共産党がネットを使用する若者を恐れているからだろう。第一章に書いたように、静かにバブルの崩壊が始まっており、ちょっと油断すると、若者の反乱が起きる。ネット規制に血道《ちみち》を上げるのは、中国共産党が、ネットで情報が拡散して大きなうねりとなった「アラブの春」のような社会現象が起こることを、異様に恐れているからなのだ。

旧ソ連の時代はネットがなかったため、その批判封じは容易だった。ネット時代になった今日、中国共産党は全力を挙げてネットの管理を行わないと、国民をコントロールできない状況に追い込まれている。

日本に住む留学生を監視する方法

電話の盗聴も日常的に行われている。そのため電話で政治的なことは話せない。また、ある留学生に聞いた話だが、日本滞在中は信頼できる友人とのあいだなら習近平政権の批判をすることはできるが（日本には盗聴マイクがないから）、春節などに行われる大学の「中国人留学生の集い」など、数十人の中国人が集まる場所で政治の話をすることは危険だという。

日本への留学生のなかにも、一〇人から二〇人に一人ぐらいの割合で、スパイが送り込まれている。うっかりしたことを話すと、途端に当局に目を付けられることになる。そして最初は、公安当局から故郷の親の元に警告が入るそうだ。

「息子さん（娘さん）は日本に留学にいっているはずですよね。政治活動をする許可は出ていません。その旨を息子さん（娘さん）に知らせてください」――最初は、そんなソフトな脅しが親の元に届くという。

慌てた親から「日本で政治活動などしてはいけない」との注意を受けることになるが、本人は政治活動をした覚えがない。しかし、「そういえば一ヵ月ほど前に、中国人留学生の集いで、少し酔って習近平政権に批判的なことをいったなぁ」という程度である。

普通の人間はそこで、中国のスパイ網の優秀さに驚くとともに、恐怖感を抱き、以後、言動を慎むようになる。日本の生活を楽しんでいるように見える留学生も、当局の監視の目から逃れることはできないのだ。

監視システムで三〇分以内に逮捕

このような中国の国内では、随所に監視カメラが設置されており、その映像は画像識別システムと連動している。最初は北京に導入されたとされるが、全国規模になったのは、二〇一五年頃からだろう。

私が二〇一五年に北京を訪問したとき、案内してくれた人から、「貴重品は管理していただきたいが、手荷物についてはそれほど注意を払わなくてもいいですよ」といわれた。近年、監視システムの性能が格段に向上したため、置き引きに遭っても直ぐに捕まるようになったからだという。

だから手荷物を観光バスのなかに置き忘れても、それを盗む運転手や清掃係はいない。それはホテルなどでも同じであるという。

特にホテルは監視カメラだらけなのだそうだ。そうであるなら、ホテルでの会話は盗聴されている可能性があると思った。

北京市内を移動していたときには、マイクロバスが中国共産党の幹部が居住する中南《ちゅうなん》海《かい》の前に差し掛かると、「中南海の門の前あたりでは、高性能のマイクによって走行するマイクロバスのなかの会話も盗聴されているとの噂があるので、会話に注意してください」ともいわれた。北京はそれほどの監視社会になっているのだ。

中国に居住する人は、外国人も二四時間監視されている。現在、中国には監視カメラが一・七億台以上も設置されているといわれる（「日本経済新聞」二〇一八年四月五日付）。国土が広いといっても、一・七億台以上もの監視カメラを設置すれば、人々が出歩けば必ずどこかで監視カメラに捉えられることになる。

いま、画像から顔の違いを識別する技術は急速に進歩している。ある留学生は、友達である警察官から、事件が起きた場合でも容疑者が特定できれば、巨大なコンピューターに連動した監視システムによって、三〇分以内に容疑者を見つけ出すことができるという話を聞いたという。

容疑者がどこにいるかを知るうえでは、「国民総背番号制」も大いに役立っている。前述の通り、中国人は「背番号」が記載された身分証明書を持たされているのだ。

この身分証明書は飛行機に乗るときはもちろんのこと、新幹線に乗るときもホテルに宿泊するときも必要になる。当然、海外に出国するときに提示することは必須である。そのため、ある人物が特定されれば、その人物がどのあたりに潜んでいるか、ある程度の見当がつく。そして、そのあたりの監視カメラの画像を集中的に解析すれば、その人物がどこの道を歩いて、現在どこにいるか、直ぐに分かる。

自分の居所が常に当局に把握されていると聞けば、当然、よい気分はしない。

中国人がビッグデータを嫌うわけ

これだけではない。「国民総背番号制」のデータには、住所、勤務先、収入、学歴、貯蓄額とその内訳（株式保有額や銀行預金額）、病歴などの個人データも入力されている。実は中国では、プライバシーに関するデータを当局に提出することが推奨されている。当局の求めに応じて多くのデータを提出すると、その人の信用度が増す仕組みになっているのだ。

それは就職や、銀行から融資を受ける際に有利に働く。個人情報を当局の求めるままに提出すれば信用度が上がり、反対に出し渋ればその点数が低くなる。そのため多くの中国人は、進んでデータを政府に提供するという。

現在、すべての中国人はその信用度が点数化されている。そのなかで、少数民族であるウイグル人などは、ウイグル人であるというだけで、信用度が最初から低い。海外渡航歴も信用度低下の原因になる。

また、その詳細は不明だが、中国当局は留学または外国企業に勤めるなどして、長く海外に居留したことのある人物を危険視している。国内ではネット規制により、共産党にとって都合の悪い海外情報をカットしている。ところが長く海外にいた人間は、共産党にとって都合の悪い情報に接している可能性が高い。だから危険人物視するのだろう。

米国に逃亡した郭文貴が王岐山の親族の不正についての情報をネットで流して以来、当局は、特に海外に居住する人々の動向に敏感になっている。留学や仕事で長く海外に滞在したあと帰国した人物の言動に目を光らせているのだ。

さらに中国では、新幹線に乗るにも検問所を通過しなければならない。信用度の低い人間が新幹線に乗ろうとして、検問所の入り口の機械に磁気化された身分証明書をかざすと、赤いランプが点灯する。

するとその人物は、検問所の横に呼ばれ、手荷物検査と身体検査を受けなければならない。多くの場合、手荷物などに問題がなければ新幹線に乗ることはできるが、もっと点数が低くなれば、飛行機はもちろんのこと新幹線にも乗れなくなる。

加えて、その点数を当局がどのようにして決めているのかは不明なのだ。少数民族の出身というだけで点数が低くなっていることもある。多くの人がこのシステムを不気味に感じている。

ビッグデータという言葉は、わが国では割に好意的に受けとめられている。しかし、多くの中国人は、この言葉に対し不気味な印象を持っている。それは、多くの個人データが集められていれば、ビッグデータ解析によって、その人物の思想や信条もかなりの部分明らかになっているのではないかと疑っているからだ。

生まれた年、親の名前、家族構成、学歴、学校の成績、勤務先、年収、体重、身長、病歴、海外渡航歴、それに過去に泊まったホテルの名前、どのようなサイトにアクセスし、どのような商品を買ったか、メールや微博《ウェイボー》で話している内容、どのブログを読んでいるのか……これらのことが分かれば、その人の交友関係、何を考えているか、今後どのような行動に出る可能性が高いのかなどについて、確度の高い情報を得ることができる。

アマゾンが「あなたはこんな本に興味がありませんか？」と送ってくるメール以上の確度で、あなたの性格や属性や政治思想を見抜くことになる。

ビッグデータの解析技術は、現在でも、日進月歩である。今後、ますますその精度を向上させることになる。中国は究極の監視社会に進み出した。それは、新たな社会実験と捉えることもできよう。

コラム　朝日・岩波文化人とネトウヨと「デジタル文化大革命」

中国だけではない。ネットは社会を大きく変えつつある。誰もが情報を発信できることが社会を大きく変えつつある。そして、その最大の犠牲者はインテリである。ネットが普及し始めると、官僚や大学教授の社会に対する影響力が大きく低下した。これは日本だけの現象ではなく、世界中で観察される。

誰もがSNSやブログによって意見を発信できる世の中になった。そして、ネットで発信された情報の拡散速度は、従来のメディアを大幅に上回る。

誰でも自由に意見を発信できる世の中になると、朝日新聞や岩波書店に代表されるメディアを通じて、有名作家や大学教授だけが得意げに自分の意見を発信できる時代は終わった。メディアの編集者はインテリであり、彼らは直接意見を述べないが、有名作家や大学教授などの口を借りて彼らの意見を述べていた。

朝日や岩波はもちろんのこと、一般にジャーナリズムに関わる人々は高学歴であり、その考え方が進歩的であることを誇りにしている。

どこの国でも一流の新聞社や出版社に入社するには、難しい入社試験を通過しなければならない。当然、新聞社や出版社はインテリの根城となる。その結果、彼らがメディアを支配していた時代においては、新聞やテレビ、あるいは雑誌を通じて世に出回る論調は進歩的（それを左翼的と言い換えてもよい）であり、かつ抑制的であった。

このように、かつてはメディアを使って、インテリが、抑制された情報を世の中に伝えていた。それが、ネット社会になって大きく変わった。「ネトウヨ（ネット右翼）」という言葉がある。その言葉が作られたのは二〇〇〇年代前半のことと思う。ネトウヨという言葉は、一般の人々の心のなかには、これまで大手メディアが伝えてきた考え方とは違う何かが存在することを示している。

いろいろな調査があるが、ネットに右翼的な意見を書き込む人は、何も特別な人々ではない。ごく普通の人が、匿名でそのような意見を書き込んでいるのだそうだ。

それでも一〇年ほど前までは、誰が書いているのか分からないネットは信用できない、新聞や本のほうが信頼できる、という雰囲気が存在した。しかし、その雰囲気も消滅寸前である。

そして、ネットが発達するにしたがって、そのもたらす情報量が各段に増えた。新聞や雑誌などよりも、多くの情報をより早く手に入れることが可能になった。

もはや朝の電車で新聞を広げて見ている人などほとんどいない。多くの人がスマホに見入っている。そして、一日一軒のペースで書店が廃業する昨今、本が世論を動かす力は大きく減退している。その動きは、これからも増す。

特にここ数年、世界中にスマートフォンが普及すると、世界は大きく変化し始めた。先進国でトランプ現象などの右傾化現象が顕著になった。その最大の理由は、既存メディアが報じない、タブーと考えていた身体的な（つまり殴られたら殴り返す）意見を、ネットを通じて、多くの人が誰はばかることなく発信できるようになったためだろう。

身体的感覚に基づいた意見は胸に心地よく響く。多くの人の心のなかに潜む感情と一致する。だから、そのような情報は瞬く間に広がっていく。

トランプ大統領は記者会見を嫌い、ツイッターで自身の意見や政権の方針を述べる。最初、メディアはこのような手法を批判していた。が、いくら批判してもトランプ大統領がツイッターを使うことを止めないため、現在では進んでトランプ大統領のツイッターを追いかけ、それをニュースにしている。このことは、メディアが権力を失ったことを象徴的に示している。

――その威力は破壊的だ。

グーテンベルクの活版印刷機発明のあとに、西欧は「長い一六世紀」と呼ばれる変革の時代に突入した。印刷技術によって多くの人々が聖書を手にしたことはローマ教皇の権威を奪い、教会が社会を支配する中世から、市民が主人公になる近世へと変化させた。

インターネットは一九世紀から二〇世紀にかけて、新聞に代表されるメディアが社会的な影響力を誇った時代を終わらせた。印刷技術と相性がよかったインテリ（つまり、朝日・岩波文化人）は、現在、一六世紀におけるローマ教皇やその周辺の教会関係者と同じ位置にいる。もはや没落し、彼らの意見が世の中を動かすことはない。新しい支配者はネットを巧みに扱う若者だろう。

――そして中国共産党は、こうした若者たちを極度に恐れている。そのために習近平が進めようとしているのが、「デジタル文化大革命」なのである。

第三章　習近平はヒトラーなのか

経済の発展で民主主義になるか

一九世紀の終わりから二〇世紀にかけて、アジア諸国はヨーロッパの植民地支配から脱するために戦った。ヨーロッパが二度の世界大戦によって自滅したこともあり、その戦いは思いのほか成功を収めることができた。

ヨーロッパの支配から独立した国々は国づくりに励んだ。しかし、その理念はヨーロッパから輸入したものであった。その基本は民族自決と市場主義であり、それに民主主義が加わった。ただ、一九六〇年代では、市場主義や民主主義に代わって社会主義も有力な選択肢だった。

市場主義プラス民主主義、そして社会主義も、東洋が考え出したものではない。市場はどの国のどの時代にも存在したものだが、それと民主主義を組み合わせるという発想は、ヨーロッパが一九世紀から二〇世紀にかけて発明したものである。

一九六〇年代は冷戦の真っ最中であり、アジアでも多くの国々が社会主義の影響を受け、その理念にしたがって国づくりを始めた。ただ、一九八〇年代の後半にソ連の崩壊が始まると、世界中に市場主義と民主主義の組み合わせが優れているという認識が広まった。フランシス・フクヤマの書いた『歴史の終わり』（三笠書房）が持て囃《はや》されたのはこの頃である。

ただ、市場主義プラス民主主義を採用した国々も、すんなりその組み合わせを消化できたわけではない。市場主義プラス民主主義を導入したはずなのに、韓国、台湾、タイ、フィリピン、インドネシアなど多くの国々においては、軍部が民主的な政府をクーデターなどによって転覆させ、軍人が権力を掌握する時代が続いた。

選挙を行っても軍事政権による監視が厳しく、とても民意を反映しているとはいえない状態が続いた。市場主義は採用するのだが、政治は軍人や彼らと結託した政治家が独裁的に行う。それは開発独裁と呼ばれた。

教育程度が低い人々の民意に基づき作られる民主主義的な政権よりも、軍人などが中心になって独裁的に政治を行うほうが効率的だったようだ。先進国の人権団体などから非難されるものの、開発独裁は思いのほかうまくいった。その結果、韓国、台湾、マレーシア、タイなど多くの国が途上国を脱し、中進国入りに成功した。韓国や台湾は先進国と呼べる水準にまで発展した。

ある程度経済が発達した段階で、韓国、台湾、タイ、フィリピン、インドネシアは、紆《う》余曲折《よきょくせつ》があったものの、民主的な政体へ変わっていった。このなかで、タイは民主的な選挙を行った結果、国内の分裂が決定的になり、その混乱を回避するとして、二〇一四年、軍人によるクーデターが発生した。こうして再び軍部による独裁が始まったが、その軍事政権も一応、混乱が収まれば民主的な選挙を実施するとしており、現在のところ、独裁は一時的な出来事と考えられている。

世界史に記憶される大事件

ところが、中国ではまったく逆のことが進行している。中国は一人当たりのGDPが約八〇〇〇ドルになった。もちろん大本のGDPの数字は怪しいものなのだが、その経済規模は米国に次ぐと見ていいだろう。そして未だに農村部は貧しいが、北京や上海に住む人々の生活水準は、先進国の人々となんら変わりなくなっている。

それほどに経済的に成功した国で、独裁が始まった——。

二〇一八年の全国人民代表大会において、国家主席の任期がなくなり、習近平が終身その地位に留まることができるようになった。これは、経済が発展すれば開発独裁を続けていた国も民主化するという流れに対する挑戦である。

その独裁は、北朝鮮やキューバなど失敗国家と呼ばれる小さな社会主義国の独裁とは異なる。アフリカ大陸の貧しい国の独裁者とも異なる。貧しく遅れた国にはしばしば独裁者が出現する。対立するグループや一般民衆を弾圧するが、あまりにも非道な政治が続くと民意が離れ、それを背景に暴力的な変革が生じる。そして、新たな独裁者が政権の座に就くが、結果は似たようなもの……それは、ヤクザが抗争を繰り返すような社会である。

しかし中国は、世界第二位のGDPを有する国である。中国政府が発表する数字がいい加減であることはよく知られており、世界第二位を疑う人もいるが、中国の貿易額が米国をも上回っていることは否定しようのない事実であり、中国はまた米国債を大量に保有している。

もはや日本を上回る経済規模を有していることは疑う余地のない事実であろう。中国で一年間に販売される自動車は二九〇〇万台にも上り、米国の約一八〇〇万台を大きく上回る。ちなみに日本は五二〇万台程度である。

そんな経済大国である中国に独裁体制が確立した。これは驚愕《きょうがく》すべき出来事である。中国はまさに毛沢東の時代に逆戻りし始めたといってよい。この事実は、世界史に記憶される大事件である。

ヒトラーと習近平の共通点

アドルフ・ヒトラーは、一九三三年に選挙によって政権の座に就いたが、世界の人々は第一次世界大戦の敗戦国の選挙の結果に、それほどの関心を示さなかった。多くの日本人も、それを遠い国の出来事として聞いていた。しかし、それはあとになって分かったのであるが、多くの日本人の人生をも変える歴史的な事件であった。

二〇一八年に習近平が独裁体制を確立したことは、世界の人々、そして日本人にとっては、ヒトラーが一九三三年に政権を獲得したことと同じような影響を与えることになるだろう。なぜか？　習近平とヒトラーに、極めて多くの共通点があるからだ。以下、それを列挙する。

① どちらも国内の異論を警察力で徹底的に押さえつけている。

② どちらも過去の歴史の清算を政策目標に掲げている。ヒトラーはベルサイユ体制の批判とそれからの離脱。習近平はアヘン戦争以来の屈辱の歴史の清算……それが「中国の夢」だ。どちらも国家の威信を重視する。

③
②の結果として、領土問題を重視する。ヒトラーはラインラントとズデーテン地方の割譲を実現。習近平は南シナ海の軍事化、そしてスリランカやモルジブに多額の融資を行い、それが焦げ付くと、港湾施設などを接収して租界を作った。

④
ヒトラーの独裁時代、覇権国は英国。その英国では、ヒトラーの独裁が進行していった当初、宥和《ゆうわ》主義が支配的であった。英国首相のネヴィル・チェンバレンの政策がその代表。ドイツがポーランドに侵攻して第二次世界大戦が始まっても、英国は宥和主義と徹底抗戦のあいだで揺れ動いた。しかし、ドイツがベネルクス三国に侵攻するとチャーチルが登場し、徹底抗戦へと変わった。

⑤
④と対《つい》をなすのが習近平の独裁時代。覇権国は米国だ。当初、バラク・オバマ大統領は「戦略的忍耐」を掲げて宥和主義をとった。しかし二〇一七年の秋、習近平が任期を超えてその地位を維持する方針が決まると、米国は宥和主義から徹底抗戦へと路線を変更した。それがドナルド・トランプ大統領の貿易戦争だ。これはトランプの個人的な意思ではない。米国議会も中国に対して強硬姿勢に変わった。チェンバレンはオバマで、チャーチルがトランプなのだ。

⑥
ヒトラーの独裁と習近平の独裁の違いは、「熱い戦争」か「貿易戦争」かの違い。

その貿易戦争は、米国の勝利で終わる。米国の目的は、中国の貿易黒字を減らすことによって、その不動産バブルを崩壊させることにある。それに成功すれば、中国経済は日本の「失われた二〇年」と同様、いやそれ以上に低迷する。米国はそれを狙っている。また、領土拡張戦略に関しても習近平の政策の失敗が明らかになり始めている。AIIB（アジアインフラ投資銀行）と組み合わせた一帯一路路線も、開始して三年も経たないうちに友好国と思っていたマレーシア、インドネシア、パキスタンなどから疑念の目で見られるようになり、その路線は既に破綻《はたん》している。

未来を正確に予測することなどできないが、歴史のアナロジーを軽視すべきではない。ヒトラーが政権を獲得してから第二次世界大戦が始まるまでに六年、日本が米英に戦いを宣するまでに八年を要した。広島と長崎に原爆が投下されるのは、ヒトラーが政権を獲得してから一二年後である。

大国に独裁者が出現すると、歴史の歯車の回転速度が上がる。現在、我々は気が付いていないが、日本人が歴史の荒波に翻弄《ほんろう》される可能性は高い。身構えるべき時と考える。

習近平が終身国家主席に拘るわけ

しかし、なぜ習近平は、自身が終身、国家主席の地位に留まるなどといった、独裁体制を選択したのだろうか。その最大の原因は、復讐《ふくしゅう》が怖いからだとされる。

習近平は就任以来、反汚職キャンペーンを推し進めて、多くの高官を逮捕した。その高官の家族や関係者は習近平を深く恨んでいる。もし習近平が権力の座を降りれば、逮捕した高官の関係者に復讐される可能性が高い。だから死ぬまで独裁を続けなければいけないというのだ。

実際に習近平は、就任以来、薄熙来《はくきらい》、周永康《しゅうえいこう》、令計画《れいけいかく》などの大物を汚職の容疑で逮捕し、牢獄に送ってきた。中国では大物が逮捕されると、親族も逮捕されたり職を失ったりと、大きな影響を受ける。それは親族だけではない。遠縁や友人など、その人脈に連なる人々の多くが迫害を受ける。だから、習近平の反汚職運動によって人生の進路を大きく変えられた人間は数多くいる。彼らは心の底から習近平を呪っているのだ。

習近平が叩いたのは大物だけではない。「トラもハエも叩く」と称し、多くの中級幹部も、汚職の容疑で逮捕した。彼らの家族や親族も、やはり大物と同様に、職を失うなどの迫害を受けている。そしてその数は、一〇〇万人を超えているのだ。

確かに彼らは汚職を行っていた。だが汚職は彼らだけではない。中国では、多かれ少なかれ、影響力のある地位に座る者は、すべて汚職をしている。実際、当の習近平も、自身の義兄の名前が、世界を騒然とさせたタックスヘイブン（租税回避地）に関するパナマ文書に載っていた。また、中国共産党の序列五位の劉雲山《りゅううんざん》政治局常務委員や同七位の張高麗《ちょうこうれい》筆頭副首相の親族も、租税回避地の法人を所有していた。

多くの者が汚職をしているのに、習近平が逮捕したのは、自分に対立する者や、江沢民や胡錦濤の人脈に連なるものに限られていた。ただ胡錦濤の派閥は中国共産主義青年団であり、彼らは商売が上手な江沢民系とは違い、勉強でのし上がったエリート官僚タイプだったため、その汚職の規模は小さかった。だから江沢民派ほどは叩かれなかったが、それでも胡錦濤の最側近であった令計画を筆頭に、多くの人が逮捕されている。

習近平が汚職追放キャンペーンといいながら他派を叩いたことは、紛れもない事実である。それは習近平派を強くするためだ。この事実は中国人なら誰でも知っている。そうであるなら、江沢民派や胡錦濤派に連なる人々が復讐の機会を狙っていることは、日本人でも容易に想像できよう。

だから、習近平は政権の座から降りることができない。世界を見渡すと、政治の指導者が政権の座から降りたあとに安閑《あんかん》として老後を送ることができるのは、日本や米国、西ヨーロッパ諸国など、一部の先進国だけである。いまでも世界の多くの国では、政権の座を降りた場合、政敵から過酷な攻撃を受けることになる。

日本では、韓国の歴代の大統領が逮捕されたり自殺したりする姿を異様なものとして見ているが、アフリカの途上国では、失脚した政治家は殺される。それを避けるためには亡命するしかない。似たようなことは、パキスタンでも南米のペルーでも起きている。

韓国については、大統領の権限が強すぎること、そして一族が政治に関わることが、歴代大統領が逮捕される原因といわれる。が、もう少し視点を広げてみれば、経済は先進国並みになっても民主主義の歴史が浅いことが、原因の一つにあろう。

科挙が中国の汚職に与えた影響

もし習近平が復讐を恐れるのなら、前任者の胡錦濤のように、敵を作らずに平穏に過ごせばよい。そうすれば、退任後も平穏に暮らせるはずだ。

習近平が退任後を恐れるようになったのは、汚職追放を派手に行ったからに他ならない。しかし、それではなぜ、復讐を恐れながらも習近平は反汚職に打って出たのであろうか？　それは宋朝以来の科挙の歴史がもたらしたといってもいいだろう（このあたりは、前著『戸籍アパルトヘイト国家・中国の崩壊』に書いたので、お読みいただければ幸いだ）。

当時、科挙に合格して地方に派遣された官僚は絶大な権力を握った。何しろ官僚は皇帝の代理人である。皇帝は法律に縛られることがない絶対的な存在。そのため、その代理人の言葉が中国では法律だった。これが、中国では法治が軽視され、未だに人治政治がはびこる所以《ゆえん》である。

科挙官僚は世襲ではない。その権力は一代限り。そして、地方に根を張って中央に逆らうことがないように、三年程度で任地が替わった。そのような状況のもと、一代で富を築こうと考え、任地を移るたびに汚職に励んだ。

絶対権力者の汚職である。そのスケールは大きい。それを庶民の側から見ると、絶対権力者の懐に飛び込むことさえできれば、独占的に儲かる商売ができることを意味する。

中国では、日本の時代劇に登場する悪代官と悪徳商人の世界が各地で繰り広げられている。ドラマでは「水戸黄門」「暴れん坊将軍」「必殺仕置人」などが現れて、悪代官と悪徳商人を懲らしめるが、中国でそのようなことは起きない。

中国の歴史を振り返ると、汚職のスケールの大きさに驚かされるが、それは中華人民共和国になっても変わることはなかった。汚職は中国の歴史に根差したものであり、開発途上国におけるケチな汚職とはわけが違う。また、これも前著で記したように、軍人が汚職に励むことも中国の特徴になっている。

習近平は「トラもハエも叩く」として、悪徳政治家や悪徳官僚は大物も小物も摘発すると宣言した。ここで「トラ」とは、政治局員（現在の中国には二五人いる）と、その経験者などを指す。それに軍の幹部を合わせると、トラの数は数百人になろう。

政治局常務委員（現在七人）を経験した周永康や政治局員で重慶市長だった薄熙来は「大トラ」である。その他、徐才厚《じょさいこう》など軍の幹部は「中トラ」、民衆にとっては、約二〇〇人いる共産党中央委員もトラである。

ある中国人は、一頭のトラの下に一〇〇匹ぐらいの「ハエ」がいるという。トラが数百人とすれば、ハエは数万匹になる。そして、一般民衆にとってもっとも厄介《やっかい》な存在が、ハエの下にいる「小バエ」（蚊という人もいる）ともいえる存在である。

一匹のハエの下に一〇〇匹の小バエがいるとすると、その数は数百万匹にもなる。彼らは地方の役所や人民解放軍、武装警察、警察の幹部職員、また国営企業の幹部として、なんだかんだと言いがかりをつけ、民衆に賄賂《わいろ》を要求する。

ただ、民衆の側にも賄賂をうまく渡すことが世渡り上手と考える風潮もあり、トラやハエだけが悪いとはいえない側面がある。

経済減速を隠す汚職追放運動

習近平は「トラもハエも叩く」と称して汚職摘発を強化した。それは、このままでは共産党の支配が持たないと考えたからに他ならない。

中国が貧しかった十数年ほど前まで、公務員の給与の伸びが民間の給与の伸びに追いつかないため、汚職は社会的な潤滑油として容認される風潮があった。しかし、北京オリンピックが開催された二〇〇八年頃になると、中国は中進国入りし、北京や上海に住む人々の生活水準は、先進国の人々のそれとそれほど変わらない水準に達した。

それにもかかわらず、汚職は従来と同じように世にはびこっていた。それは先にも述べたように中国の因習ともいうべきものであったが、経済成長が著しかったために、汚職の額も天文学的な数字になってしまった。

そして第四章で触れるが、中国は極めて格差が大きな社会になっていたという事実も、見逃すことができない。平等をうたう共産党にとっては皮肉なことである。格差社会が出現したことは、共産党の政策に起因する部分が大きい。だからこそ問題なのだ。

多くの人が不平等感を抱く社会で、天文学的な汚職がまかり通る。このような状態が続けば暴動が頻発し、延《ひ》いては革命の温床になる。歴代の中国王朝は、民衆の暴動が引き金となって崩壊している。共産党の幹部たちは、そのような状況に危機感を覚えた。

二〇一二年、習近平は胡錦濤からバトンを受け継いだ。その頃になると不動産バブルが深刻な問題になっていた。一九九〇年代の日本は、不動産バブルが崩壊することによって経済が低迷する時代に突入したが、中国も不動産バブルが崩壊すれば、日本と同じ轍を踏むのではないか——そんな不安が頭をよぎる時代になった。

習近平の政権の第一の目標は、不動産バブルを崩壊させないことである。これ以上、不動産価格を上昇させないためには、金融を引き締める必要がある。しかし先述の通り、日銀の三重野総裁が急速な金融引き締めを行ってバブルを崩壊させたことを知っている中国は、ゆるやかに景気を減速させて、不動産バブルのソフトランディングをはかる政策に転じた。

しかし、それは頭痛のタネになった。胡錦濤時代には、農村部からやって来る労働者に職を与えるためには八％の成長が必要だといっていたが、ソフトランディングさせるためには、その目標を七％に、そして六％台へと引き下げざるを得なくなったのだ。

経済成長速度の低下は、庶民が不満を持つことにつながる。中国は少子高齢化時代に突入しており、既に成熟社会の様相を深めている。習近平政権は、そのような状況でも過剰な公共投資を行うことによって、景気の維持に努めていた。しかし、その政策で失業率の上昇を防ぐことはできても、賃金の上昇にはつながらない。

一九九〇年代から二〇一二年頃まで、江沢民から胡錦濤の時代まで、賃金は大きく上昇していた。そうであれば、役人が汚職をしていても、庶民はなんとか我慢することができた。いつしか自分も豊かになれるという夢があったからだ。

しかし習近平時代になると、このままでは自分たち庶民は永遠に豊かになれないと思うようになった。そんな状況において、高官が汚職を続けていれば、それは体制変革の原因になる。

二〇一二年に発足した習近平政権……その裏の目標は、共産党体制の維持である。そのためには不動産バブルのソフトランディングが必要であるが、それには景気の減速を伴う。そんな状況下で民衆の怒りをなだめるには、汚職追放運動を始めるしか方法がなかった。

汚職摘発は、習近平の政策というよりも、共産党幹部の一致した政策である。二〇一二年に誰が国家主席になっても、汚職摘発をせざるを得なかったのだ。

共産党OBを摘発しなかったわけ

習近平は、汚職の摘発を利用して他派をたたき、自派を強化している。汚職摘発に名を借りた権力闘争との見方が出ているが、権力闘争との面を強調し過ぎると、全体像を見失う。汚職摘発の真の目的は、何よりも中国共産党の延命にあると考えるべきである。

それは「北戴河会議《ほくたいが》」において、毎年、習近平のやり方が長老たちによって承認されてきたからだ。北戴河会議とは、毎年夏に開かれる非公式の共産党幹部の会合である。そこでは共産党大会の議題が話し合われる。その合意に沿って秋に共産党大会が開かれるのだ。共産党大会における運動方針や人事は、実質上、北戴河会議で決まるとされる。

北戴河は渤海《ぼっかい》湾に面した海水浴場、そして保養地である。毛沢東は水泳が好きで、毎年、夏になると北戴河に逗留《とうりゅう》した。そして、そこに幹部を呼びつけて人事などを話し合ったことから、この会議が生まれた。現在、北戴河会議には現役の幹部とともに、これまで共産党の政治局員を務めた人々などが招待される。共産党のＯＢたちは、一線を退いたあとも、党の方針や人事などに強い影響力を及ぼしている。

余談だが、中国で政治局員を務めた人々は長命だといわれる。そして、認知症になったとの話も聞かない。その最大の理由は、党と政府の人事に関して強い影響力を持っているからだと考えられる。

人事に強い影響力を持っていれば、一線を退いたあとも若手が訪ねて来る。有力者であれば、その列が途切れることはない。お土産をもらって、しばし談笑。その後に要路に電話をかけてやる。来客から感謝される。こうして年老いても認知の欲求が満足され続けるのだ。

習近平は自分の力で皇帝の身分に上ったわけではない。長老たちの合意によって推され、皇帝の地位に上ったのだ。そのため習近平は、基本的に、長老たちに逆らうことができない。そんな習近平の汚職摘発を、長老たちは是認してきた。

中国ウォッチャーたちは、面白おかしく長老たちの動静を伝えているが、二〇一二年以降、習近平が長老たちから強く非難されたとの情報は入ってこない。それはＯＢたちが習近平のやり方を是認していることの証左だ。

ＯＢたちは自分の目の黒いうちに共産党の支配が崩壊することを恐れている。共産党体制が崩壊すれば、自分だけでなく、家族や友人、そして遠い親戚までもが、殺されたり海外に亡命せざるを得なくなる。

それを防ぐためには習近平の独裁を呑まざるを得ない。ＯＢたちは大人であり、インテリであるから、中国の歴史をよく知っている。もちろん中国に独裁が似合うこともよく知っている。習近平の独裁によって共産党政権が長続きすることを望んでいるのだ。

習近平の汚職退治では、ＯＢやその家族の権益には触れていない。現役のトラを何頭か退治しただけである。そして多くのハエを叩くことによって、庶民の喝采《かっさい》を受けた。

習近平と胡錦濤、そして江沢民が争っているというのは、案外、外向けのシナリオなのかもしれない。

中国人は政治の裏話が好きである。そんな中国人に『三国志演義』のような権力闘争を見せると、誰もがその話に夢中になる。

権力闘争を習近平が勝ち抜いた。そうして皇帝の地位に上った。これは、中国人にとって分かりやすいストーリーである。皇帝である習近平を畏怖《いふ》するようにもなる。

一方、もし共産党がシャンシャン大会で習近平の独裁を決めると、民衆はその独裁は共産党の延命のためだと見抜いてしまう。海外からも中国は何を考えているのか、といわれかねない。だから、わざわざ三人が争っているように見せかけたのだ。

サスペンスドラマならば、三人は互いに争っているのに、裏では手を握っている。ドラマの最後の五分で、名探偵が「実はあなた方はグルだったんですよね」と指摘する場面を考えてみてもよいと思う。

次の指導者をつぶした習近平

二〇一七年一〇月に開催された共産党大会において、習近平は共産党の総書記に再選された。習近平政権は二期目に突入した。そこでは新たな政治局常務委員の名前と序列も発表された。

この共産党大会における衆目の関心は、第一には王岐山が常務委員に残るかどうかであった。王岐山は習近平の盟友として汚職摘発の第一線を指揮し、政敵を葬り続けてきた。習近平が独裁的な権力を手にするうえで、王岐山が重要な働きをしたといえる。当然、党内では恨みを買い、多くの敵を作った。

二〇一七年の時点で王岐山は六九歳になっていたが、共産党の内規では六八歳を過ぎた者は常務委員に任命されないことになっている。もし王岐山が留任した場合、この内規が崩れたことになる。そうなれば、二〇二二年に六九歳になる習近平が三期目に突入することもあり得る。

王岐山が常務委員に残るかどうかは、習近平の五年後を占ううえで重要なポイントになっていた。

二〇一七年秋の共産党大会において、王岐山は共産党常務委員に残らなかった。そして、常務委員の二階級下の中央委員に選ばれることもなかった。このことは、独裁的な権力を手にした習近平といえども、党内の反対派を押し切って六八歳定年の内規を切り崩す力がないことを示した。習近平は王岐山の人事で共産党の内規に屈したともいえる。

ただ、七人で構成される政治局常務委員や、その下に一八人いる政治局員の人事では、習近平派はその過半を占めることに成功した。また、自派以外でも習近平に近いと思われる人物が多く登用され、もはや政治局員で習近平に真っ向から反論するような人物は見当たらなくなってしまった。

王岐山の再任はできなかったものの、習近平一強体制を確立することに成功した。

もう一つ注目されたことがある。政治局常務委員七人のなかに五七歳以下の人間が選ばれなかったことである。五七歳であれば五年後に六二歳、そして一〇年後に六七歳である。五七歳以下の人物は、政治局員の引退を六八歳とし、総書記の任期を二期とすると、二〇二二年に総書記に選出される資格を持っていることになる。二〇一七年は、胡春華《こしゅんか》（二〇一七年秋に五四歳）、またその対抗馬として陳敏爾《ちんびんじ》（同五七歳）が下馬評に上ってい たが、いずれも平の政治局員に留まり、常務委員にはならなかった。

総書記になる人は、その前の五年間を政治局常務委員になっており、それはいわば見習い期間ともいえる。習近平も総書記になる前に常務委員になっていた。このことは、二〇二二年の党大会において、総書記の適任者がいないことを意味する。それは、習近平が二〇二二年以降も総書記に留まる布石とされる。

習近平暗殺と国家副主席の関係

二〇一七年秋の段階でも習近平の独裁が確立したと思われた。それを完全なものにしたのが、二〇一八年の全国人民代表大会である。

その大会において、二期までと定められていた国家主席の任期に関して制限を付けていた条項が外された。これにより、習近平は死ぬまで国家主席の座に居座ることが可能になった。

そして、盟友の王岐山も国家副主席になった。国家副主席は党の常務委員とは異なり、年齢の制限に関する内規はない。だから王岐山が就任しても問題はないのだが、党の中央委員でもない人物が国家副主席になることは異例と思われていた。

また、王岐山は全国人民代表大会に関連するニュースにおいて、党の七人の政治局員の次に、ただ一人だけ写真とともに紹介された。こうして多くの国民は、彼を八番目の政治局常務委員と見なすようになった。しかし実質的には、その序列は八番目ではなく、二番目とされる。

憲法には、「国家副主席は国家主席に事故のある場合、その業務を代行する」との文言も加えた。これは習近平にとって、一種の安全保障政策である。それはあるグループが習近平を暗殺しても、習近平の業務を代行する王岐山が直ぐに報復に出ることを可能にしたからだ。

習近平が死亡した場合、軍と警察の指揮権は自動的に王岐山に移る。習近平と王岐山が固く結ばれた盟友である以上、習近平を暗殺しようとするグループは、王岐山が軍権を握って報復に出ることを意識せざるを得ない。

これは、一九七六年の毛沢東の死去を念頭に置いた措置《そち》と思われる。毛沢東は死の床で「あなたがやれば安心だ」といって華国鋒《かこくほう》に後事を託したが、それが曖昧《あいまい》な遺言であったため、毛沢東の死後に権力の空白が生まれた。その権力の空白を利用して鄧小平を押す実権派がクーデターを起こし、毛沢東の下で権勢を誇った四人組を逮捕、名実ともに文化大革命を終わらせている。

つまり、独裁者の跡継ぎが不明確であると、独裁者の死によって大きな変革が可能になる。それを防ぐために王岐山を国家副主席に起用し、かつ国家主席に事故があった場合には直ぐに代行する権限を与えたのだろう。

ここで王岐山が習近平より五歳上である点が重要である。どの独裁政権でもそうだが、特に中国の歴史において、トップとナンバー2《ツー》の関係は微妙である。後継者が決まると、人心は後継者に傾きやすい。それは独裁者といえども死を免れることができないからだ。歳を取って独裁者に死の影が見え始めると、人々は後継者に近づき、独裁者の命には服さないようになる。その結果、独裁者とナンバー2のあいだに対立が生じやすい。古来、多くのナンバー2が、皇帝の猜疑心《さいぎしん》によって殺されている。

近くは毛沢東と林彪《りんぴょう》のあいだに、よく似た事件が起きた。林彪は文革の初期に毛沢東の意に添って動くことによってナンバー2の地位を得た。が、一九七一年に毛沢東の暗殺を企てた。そしてそれに失敗すると、旅客機に乗って当時のソ連に亡命を企てたとされる。いずれにしろ、搭乗機はモンゴルに墜落し、死亡した。

この事件には謎が多く、未だにその真相は明らかになっていないが、毛沢東は猜疑心の強い男であり、その猜疑心に耐えられなくなった林彪がクーデターを企てざるを得なくなったというストーリーが実情に近いと思われる。

独裁政権にとってナンバー1《ワン》とナンバー2の関係は微妙である。なおかつ危険である。しかし、王岐山は習近平より五歳も年上であり、かつ共産党においては中央委員ですらない。彼が習近平に代わって独裁者になる可能性はゼロといってよい。習近平が暗殺された場合に限り、短期間だけ国家副主席として国家主席の業務を代行する。つまり、暗殺グループに対する報復だけを行うナンバー2である。

……これならば、習近平も安心であろう。また一歩、ヒトラーに近づいたともいえる。

コラム　東アジア文化圏の宗教と科挙

東アジアの中華文化圏について語りたい。中華文化圏とは、中国、朝鮮半島、ベトナム、それに日本によって構成される地域をいう。歴史的に漢字を使用してきた地域としてもよいだろう。

中華文化圏では、中国の影響もあったと思うが、他の地域に比べて宗教が社会に及ぼす力が弱い。

世界の多くの国や地域で、宗教が社会に及ぼす影響は小さくなっているが、それでもイスラム圏では現在でも、宗教は社会に大きな影響力を持っている。インドも宗教を抜きにして語ることはできず、近年、ナレンドラ・モディ首相は「ヒンズー至上主義」を推進するようになった。

一方、ヨーロッパやロシアでは宗教が社会に及ぼす影響は小さくなっているが、それでもローマ法王やモスクワ総主教は一定の影響力を持っている。

特にロシアでは、革命によって宗教が否定された状態が七〇年ほど続いたにもかかわらず、共産党政府が崩壊して信教の自由が保障されると、完全になくなったと思われていたロシア正教が復活し、一定の影響力を持つに至った。これは人間と宗教との関係を考えるうえで興味深い事例である。

中華文化圏では宗教が社会に与える影響は強くないが、特に中国では、宗教は社会に対してほとんど影響力を持っていない。これは共産党政府が存在するからではない。中華人民共和国が成立する以前からそうなのである。

たとえば日本では、現在でも仏教がそれなりの影響力を有している。日本人の多くの人はこれといって宗教は信じていないと思っているが、アジアの農村を歩いてきた筆者の目には、その行動原理は多分に大乗仏教的に見える。

典型的な事例が「死」の捉え方である。常識的な日本人は死者の悪口をいわない。汚職事件が起こった際に、世間の非難を浴びた政治家が自殺すると、この政治家を悪くいい続けることはない。そして、汚職事件の追及はうやむやに終わる。

死は宗教において極めて重要な課題であるが、日本人の死に対する捉え方は、大乗仏教の延長線上にある。そこに絶対悪は存在しない。天国や地獄などの概念もあいまいだ。まあ、死ねば誰でも天国に行くと考える。そんな日本人は、死後の世界を考えて現世を生きることはない。

東アジアの国々、日本、朝鮮、ベトナムは、中国を経由して仏教を受容した。そのため、その仏教は大乗仏教である。それは現在、タイやミャンマーに息づく上座部《じょうざぶ》仏教とは異なる。

大乗仏教は、紀元前後に、インド西北部から現在パキスタンとなっている地域で成立した。ブッダの衣鉢《いはつ》を継いだ仏教は、時間が経つに連れて僧侶のための仏教になってしまった。大乗仏教は、それを批判することによって成立した。

大乗仏教は中国の西域を通じて中国全土に広まった。我々が知る『西遊記《さいゆうき》』は、唐の僧侶である玄奘三蔵《げんじょうさんぞう》がインドに仏教の原典を求めた旅を物語にしたものである。苦労して仏典をインドに求めた仏教――この教えは唐の時代に大いに栄えた。

日本はその仏教を、最初は朝鮮半島経由で、そして隋や唐の時代になると、直接、中国に留学僧を派遣することによって学んだ。

ただ、日本に仏教を輸出した中国では、宋、明《みん》と時間が経つにしたがって、仏教の影響力は弱くなっていった。そして現在、仏教はほとんど影響力を失ってしまった。

その中国は儒教を作り出した。ただ、儒教は宗教というよりも、社会規範といったほうがよい。そして、中国ではその儒教も影響力を大きく低下させている。

現在でも中国では、先生や年長者を敬うなど、一部には儒教的な感覚が残っているが、多くの中国人は、もはや孔子《こうし》のいうことなど古臭いと感じている。

中国の農村を歩くと、家の柱などに赤い紙に大きな字で何か書いてあることがある。漢字で書いてあるので意味は分かるが、そこには「家に福や財が来るように」といった現世利益《げんせりやく》を願う言葉が書かれている。現在の中国人は拝金教の信者といえる。

朝鮮半島においては、中国と同様に、仏教は時代が下るにつれて衰退してしまった。朝鮮半島に一〇世紀初頭から一四世紀にかけて存在した高麗《こうらい》は仏教を重んじたが、一三九二年に成立した李氏朝鮮は仏教を否定し、儒教を国づくりの基本に置いた。

これは、中国において仏教が衰退し儒教の影響力が強くなったことを反映したと思われる。現在、朝鮮半島の人々の行動パターンは、本場中国よりも儒教的である。儒教の経典は、中国よりも朝鮮のほうに多く残されているという。

一方、ベトナムも中国から大乗仏教を受容したが、そのあり方は日本に似ている。大乗仏教はその教義に狂信的な部分が少ない。その受容は穏やかなものであった。現在、ベトナム人の行動原理を見ていると、どこか日本人に似ているが、それは中国から儒教と仏教をゆるく取り入れたところが似ているためだろう。

このように宗教心の薄い中国人の心のなかに強く生きているのが科挙である。結果、学歴を信仰し、官僚を崇拝《すうはい》することにつながっている。

西洋人から見ると、日本人はお上（官僚）を過度に信頼する傾向があるように見えるそうだが、中国ではその感覚がより一層激しくなる。官僚を偉人と考えるのだ。もちろん、官僚の汚職に対しては日本人と同様に怒りを覚えるが、その一方で、偉い官僚に近づいて自分もよい思いをしたいとも考える。

官僚に金品を贈り、自分だけ厚遇されたいと考える気風が強い。他人の汚職には厳しいが、自分が行う汚職には甘い。だから、反汚職キャンペーンが続いても、なかなか汚職を根絶できないのだ。

第四章　超格差社会を隠蔽する「デジタル文化大革命」

中国という国家の格差の歴史

この章では、習近平が血眼《ちまなこ》になって推し進める「デジタル文化大革命」の背景にある、中国の凄まじい格差社会の実態、そしてその歴史について記す。中国共産党と都市戸籍を持つ四億人の中国人は、この格差社会からの受益者だ。

経済運営が困難になった中国共産党が国民の暴発を防ぐための「デジタル文化大革命」……その本質を理解するためには、中国における格差の実態を知らなければならない。習近平が総書記に就任してから始めた汚職追放運動、中国の夢、またＡＩＩＢや一帯一路などの政策も、すべて格差問題との絡みで論じることが可能だ。

なぜ中国がこのような格差社会になったか、根本から考えたい。格差社会が出現するのに要した時間は四〇年ほどである。平等だと思っていた社会は、あっという間に、世界でも類を見ない格差社会になってしまった。

一九一二年に清朝が瓦解《がかい》して中華民国が成立する。この頃も、中国は格差社会であった。その当時、中国の主な産業は農業であり、格差は古代から続く伝統的なものと考えてよい。

農村には地主と多くの小作人が存在した。地主は地方行政にも関与し、名望家として富と名誉を独占していた。それは、なにも中国に特有のものではない。どの国の歴史にも、程度の差こそあれ存在した。

清朝はアヘン戦争（一八四〇〜四二）などに象徴される西欧列強の侵略を受けた。中華民国が成立した頃には香港《ホンコン》、上海、天津《てんしん》など多くの港町に租界（列強の租借地）が作られていたが、その入り口には「犬と中国人は入るべからず」などといった、侮辱的な言葉が書かれていたとされる。これは多分に誇張されて言いふらされたことと思うが、租界と中国人の関係を端的に表すものとして、いまに伝えられている。

日本はそんな中国に進出した。それは侵略としてもよいだろう。このことについては、すでに飽きるほど語られているから、ここで深入りするつもりはない。

中国は西欧列強の植民地ではなかったが、地主と小作が存在する旧態依然とした国家であり、地方には軍閥が割拠し、かつ大きな港町には欧米が租界を作っていた。そんな国に隣国である日本までもが攻めて来たのだから、戦前の中国は悲惨な状況になった。

この中国で、毛沢東は、日本が太平洋戦争に敗れて中国大陸から撤退したあと、蒋介《しょうかい》石《せき》率いる国民党と戦った。そしてその内戦に勝利することにより、中華人民共和国を樹立した。それは一九四九年のことだった。

内戦を勝ち抜くうえで、当時の中国の人口の大きな割合を占めていた農民の支持を得ることは重要だった。共産党は貧農に土地を分配することを約束したが、それは農民の支持を得るために重要な役割を果たした。

こうして新生中国は、社会主義国家として誕生した。また二〇世紀の中頃、社会主義は魅力的な制度に見えていた。それは、ヨーロッパの田舎と思われていたソ連が、スターリンの独裁のもとで計画経済を実行し、あの強大なナチスドイツを打ち破ることができたからだ。

戦時下だけ機能する社会主義経済

ヨーロッパの田舎だった国、ソ連が、一気に米国に対抗する勢力にまで成長した。遅れた地域の開発システムとして、世界の人々の目に、社会主義は魅力的に映った。

ただ、計画経済がうまくいくためには、戦時下で人々が緊張をもって命令に従うことが必要であった。人間は命に関わるとなれば、どんな命令にも従う。計画経済と軍隊の命令は同じようなものである。

また、計画経済は優秀な指導者を必要とする。計画経済では、人々は、兵士と同様に上官の命令で動く。そんなシステムに優れた司令官は絶対に必要だ。ちなみに市場主義経済では、人々はアダム・スミスのいう我欲に従って動くのであるから、必ずしも優秀な司令官を必要としない。

だが戦争が終わって平和な時代が来ると、軍隊の司令官に相当する高級官僚は、人々の要求を汲《く》んだ適切な計画を作ることができなかった。そのため、戦時中にあれほどの成果を上げた社会主義は、平和の時代になると機能しなくなってしまった。結果、戦争が終わるとソ連の経済は低迷し、崩壊に向かって歩み始めたのだ。

中国でも、戦争が終わって一段落すると、計画経済のゆがみが顕著になった。その最たるものが大躍進政策といえる。大躍進政策とは、一九五八年に発動された農工業生産を著しく重視した政策である。

人々の欲望は経済活動の源泉である。もっと美味しいものを食べたい、もっときれいな着物を着たい、そんな欲望が生産意欲を刺激して経済を活発にさせる。だが計画経済では、生産は高級官僚が立てた計画に基づいて行われる。

そんな計画経済において為政者がむちゃくちゃな計画を立てると、国中がおかしくなる。武器や大砲の弾を作るうえで鉄は重要な役割を果たす。鉄をたくさん作れば強い国になれる。朝鮮戦争の結果として米国との対立が決定的になり、またソ連との関係も悪化して国際的な孤立を深めるなか、毛沢東は中国を軍事大国化させるため、極端な工業重視政策を打ち出した。農民を動員した人海戦術による工業化である。

しかし、農民の人海戦術によって中国を急速に工業化するとした毛沢東の誇大妄想的な計画は、みごとに失敗する。そして工業化に力を入れ過ぎたため、農業が疎《おろそ》かになり、食糧が極度に不足した。結果、一九六〇年前後に、二〇〇〇万人以上が餓死したとされる。

一九六二年に毛沢東は自己批判をし、その失敗を認めざるを得なかった。それ以降、政治の実権は、国家主席である劉少奇《りゅうしょうき》と総書記であった鄧小平に移った。

人民公社は真の共産主義社会だが

劉少奇と鄧小平は、疲弊《ひへい》した経済を立て直すため一部に市場経済を導入し、それによって中国経済は危機を脱した。だが、それを見ていた毛沢東は面白くない。せっかく社会主義国を作ったのに、また資本主義の国に戻ってしまう。そんな疑念を募らせた。

市場主義経済を続けていれば、蓄積する資本を誰が所有するかという問題が生じる。個人の所有を許せば、いつしか富を蓄積する人が資本家になってしまう。市場主義経済を始めれば、それは必ず資本主義に行き着く。

現在に至り、文化大革命は、毛沢東の劉少奇に対する嫉妬《しっと》から始まった路線闘争と考えられている。しかし、当時、そう考える者はいなかった。一九六六年、毛沢東は、中国を大きな混乱に陥れた文化大革命を発動した。

国家主席の座を劉少奇に明け渡し、その後、大躍進政策の失敗を自己批判したといっても、毛沢東は建国のカリスマであった。彼の発言が中国社会を動かした。

文化大革命は社会実験として捉えることができる。平等という観点から見たとき、文化大革命下の中国には、理想郷ともいえる状況が出現した。農地の私有は否定され、農民は人民公社に所属することになった。人民公社では完全な計画経済のもと、よく働いた者にも、それほど働かなかった者にも、同じだけの収穫物が分配された。真の共産主義社会が出現したのだ。

しかし、それは生産意欲を刺激しないシステムだった。すべてのものが平等に分配される社会では、人々が熱心に働くことはない。その当時を覚えている中国人に聞くと、「お腹が空《す》いて困ることはなかったが、毎日イモやトウモロコシの粉を食べていたし、楽しいことはなかった」などという。また、ただ田舎でボーッとしているだけ……そんな状態が一〇年も続いた。

流動性が高い国の人民公社の悲劇

現在、文化大革命は、紅衛兵が「造反有理《ぞうはんゆうり》」を合い言葉に、社会を動かしていた人々を吊し上げて暴行を加え、多くを殺傷した社会現象として、必ずといってよいほど否定的に語られる。しかし格差の問題を考えるときに、文化大革命は、日本人である我々にも考えるべき多くのヒントを与えてくれる。

現在、日本において格差は「悪」である。格差社会という言葉は否定的な意味を含む。ただ、ではどこまで格差を解消すればよいのであろうか。

その極端な実験が文化大革命であった。人民公社を作って生産財を共有化し、生産したものを平等に分配した。格差のない社会が出現した。しかし、文化大革命の一〇年を見れば分かるように、それは社会の停滞を招いた。格差のない社会を作ろうと思うと、それは貧しさを分かち合う社会になる。

一四〇〇年以上も前に科挙と郡県制を導入した中国は、多くの点において自由な社会であった。皇帝の権威を否定し、命令に逆らうことは厳しく禁止されるが、経済活動に対する規制は少なかった。

農民が重税にあえぐことはあったが、中国はそれが陰湿に長く続く社会ではなかった。社会の流動性が高かったためだ。このあたりの事情は、魯迅《ろじん》の小説『阿Q正伝《あキューせいでん》』を読むとよく分かる。小作がいやになれば流浪《るろう》の民になればよい。主人公である阿Qは最下層の人間だが、なんとか暮らしている。

中国では、下層民には、勝手気ままに過ごす権利があった。もちろん極貧《ごくひん》ではある。そして、いよいよ食えなくなると、暴動を起こす。その暴動をうまく組織した者、つまり英雄が、次の王朝を打ち立てる。

日本の江戸時代には、完成された封建制度が機能していたので、村社会から落ちこぼれると生きていけなかった。人はいずれかの組織に所属しなければならない。組織が守ってくれるために安定しているが、村の掟《おきて》に従わなければならず、息苦しい。

その伝統は今日まで生きている。日本人は公務員や会社員になることが大好きだ。そして少々いやなことがあっても、我慢して退職するまで一つの職場に勤める。組織もその構成員の福利厚生に気を配る。役所や会社が家族の延長として機能している。だが、そのなかで生きるためには、それなりの忍耐が要求される。

一方、中国の会社は福利厚生に熱心ではない。社員もいやになれば直ぐに辞める。中国は伝統的に流動性の高い社会なのである。このあたりの感覚が日本とは真逆である。

流動性が高い社会を生きてきた中国人は、人民公社に退屈してしまったようだ。そのため文化大革命の最中は声を上げることはなかったが、一撃されると、人民公社は、誰も抵抗することなく一気に崩壊してしまった。

一九七六年に毛沢東が死去した。それに伴い、毛沢東の下で権勢を誇った四人組が逮捕される。それは多くの政治家が文化大革命を終わらせるべきだと考えていた証拠である。

四人組が逮捕されたあとも、毛沢東から「君がやれば安心だ」と委託されたとされる華国鋒が文革路線を進めようとしたが、彼はカリスマではない。巨大な国である中国にはカリスマが必要である。彼は文化大革命を継続することができなかった。

華国鋒との権力闘争に勝利した鄧小平は、一九七八年、改革開放路線へと舵《かじ》を切った。これは現在につながる路線で、「経済は市場主義で、政治は共産党の独裁で行う」というものである。

この路線に転じ、中国は奇跡の経済成長を遂げることができた。それからたった四〇年間で、開発途上国の一つに過ぎなかった中国は、米国と覇権を争う大国に成長した。

文革時代はよかったという人々

多くの中国人、特にインテリにとって、文化大革命は悪い記憶でしかないようだ。が、耳を澄まして聞いていると、違った話も漏れてくる。

ある中国人が父親から聞いた話として語ってくれた。その父親は文革当時、北京から遠く離れた辺境において共産党の幹部だったが、父親が語るところによると、文革時代の記憶はそれほど悪いものではないという。

確かに貧しかったが、それでも生活に困るというほどのものではなかった。党のいうことを聞いていれば、農民はストレスのない生活を送ることができた。農民にとって、路線などどうでもよい。ただ、いつも食糧が得られて安全に暮らすことができれば、それが幸せだ。それほど悪い時代ではなかったという。

改革開放路線に転じると豊かにはなったが、その一方で貧富の差が生じ、地方でも犯罪が多発するようになった。また汚職や売春が話題になるなど、世の中全体が悪くなったように感じたという。現在でも地方では毛沢東は人気があるというが、それはこの父親のような記憶を持つ人がたくさんいるためだろう。

中国では、国民の半数は、農村に住んでいる。彼らの多くが毛沢東と文革時代を懐かしく思っている可能性がある。ただ、彼らの声がわれわれ日本人の耳に届くことはない。それは、マスコミは都市に住むインテリがコントロールしているからだ。

インテリにとって文化大革命は、悪夢としかいいようがない。だから、いまでも毛沢東の肖像画を家に飾っている農家などは、愚昧《ぐまい》な人々として見下《みくだ》している。インテリが支配するマスコミは、トランプや毛沢東の支持者の声は伝えない。日本でマスコミが伝えるニュースだけ聞いていると、世界を間違って理解してしまう。

文化大革命は、現在の日本人にも、多くのことを問いかけている。

アジアの農村を三〇年間歩いてきた経験だが、日本ほど格差に敏感で、格差を悪と思っている国はない。日本では、格差是正を旗印に掲げた政策に真っ向から異論を唱えることはできない。そんな雰囲気が充満している。

筆者には現在の日本ほど格差の少ない国はないように見えるが、それでもマスコミは格差を好んで題材にする。最近、格差の固定を問題視して、日本が階級社会に突入したという本が話題を呼んだ。そんな本を、中国、インド、またはタイなどで出版しても売れないだろう。格差が確固たる階級を作り上げていることが、これらの国では、紛《まぎ》れもない事実であるためだ。いまさら「階級社会になった」などといっても、誰も注目しない。

もっとも、中国は建て前のうえでは階級がないことになっているから、このようなことを書けば即発禁になり、著者は逮捕され、釈放されても当局の監視下に置かれることは間違いないだろう。

日本は格差是正の目標をどこに置いているのだろうか。その最終目標は、文化大革命の時代の中国なのだろうか。格差社会を糾弾《きゅうだん》する識者に聞いてみたい。

実は文革が用意した奇跡の成長

否定的に捉えられることが多い文化大革命だが、それは中国の近代化を促し、改革開放路線に転じたあとの奇跡の経済成長を用意した側面も持つ。文化大革命下の中国では、劉少奇や鄧小平などの共産党幹部が迫害され、また毛沢東がインテリ嫌いだったため、下放と称して多くのインテリが地方に追放された。

だから文革は、インテリからは悪くいわれる。そしてインテリの発言力は強いから、日本で聞いていると、文革の否定的な評価ばかりが聞こえてくる。

文革では、紅衛兵と称する青少年が、生半可《なまはんか》の理解でマルクス・レーニン主義を振りかざし、多くの共産党幹部や学校関係者などを吊るし上げたうえ、貴重な文化財をも破壊した。青少年をおだて、彼らに権力を握らせれば、それは徹底した破壊につながる。しかし、それは期せずして中国の因習を破壊する役割を果たした。

歴史のある中国には、風水に代表される因習的なものの考え方が広く存在した。また纏足《てんそく》に代表されるように、女性の地位も高くなかった。富裕層であれば妾《めかけ》を囲うことが当然の社会だった。

日本でも明治時代には、妾を囲うことは珍しくなかった。それでも妻妾同居などはタブーだった。そして戦前でも昭和になると、昭和天皇が側室を持たなかったように、妾を持つことは前近代的であるとの意識が広く浸透していった。

しかし中国では、中華民国になっても富裕層は妾を持ち、それを妻と同居させていた。そんな中国社会に生煮《なまに》えのマルクス・レーニン主義が入ってきた。すると、そうした中途半端なマルクス・レーニン主義を振りかざした紅衛兵は、因習を破壊した。

そして、中国人の倫理のバックボーンになっていた儒教までも攻撃した。副主席でありながら毛沢東の暗殺を企てた林彪に対する批判を兼ねて、「批林批孔《ひりんひこう》」などというスローガンも作り出されたほどだ。

儒教は道徳を説くものであり宗教ではないとの捉え方が一般的だが、宗教の影響が弱かった中国では、儒教は宗教的な役割も果たしていた。紅衛兵はそれを攻撃した。こうなれば、旧来の道徳の全否定につながろう。

そこまで伝統や文化を徹底的に破壊すれば、残るものは新古典派経済学が想定するホモエコノミクス（経済人間）だけということになる。それが改革開放路線に転じた際の奇跡の成長を用意した。

改革開放路線に転じると、中国人は、道徳を無視して利益の追求に邁進《まいしん》した。科挙が作り上げた中国人は、もともと実利を重んじる気風があったが、文革はそれを徹底させた。

誰も口をつぐんで声を発していないが、多くの紅衛兵（現在は六〇代）が改革開放後に事業を始め、資本家になったことは間違いない。そんな道徳心のない社会では、奇跡の成長を果たしたといっても、汚職が蔓延《まんえん》して犯罪が増加するのは当然だろう。

自営業の隆盛が格差の真の原因

ただ、これまで述べてきたことは、中国が極端な格差社会になった本質的な原因ではない。最も注目すべき点は、中国人が独立の精神に富むということだ。日本では優秀な人は大企業に行くか公務員になるのが一般的である。しかし中国では、優秀な人は自分で事業をやりたがる。

そもそも一九九二年に鄧小平が南巡講話を行い、ますます改革開放路線に突き進むとの宣言がなされたとき、就職すべき優良な大企業が数多く存在したわけではない。そんなときに、ここをチャンスと見た人々の多くが起業した。それは三〇年ほど前のことに過ぎない。そして、その活力が中国の奇跡の成長を支えたといっても過言ではない。

中国経済の強さを支えているのは、新たに作られた私企業である。それが大企業に成長したケースもあるが、未だに規模の小さなものもある。それらは弱肉強食の世界に生きており、淘汰が激しいが、それでも無数の私企業が中国の活力を支えている。

中国の奇跡の成長は数多くの成功者を生んだ。特に沿岸部には多くの成功した企業経営者がいるが、彼らの所得を把握することは難しい。それは会社の経理と家計が一緒になっているためである。このことは自営業をされている方は理解しやすいだろう。家計で消費した多くのものが、企業の経費になっている。多くの経営者は、家族の支出と合わせると、日本円にして一億円以上を使っている。

そんな経営者が多くの農民工を雇用している。農民工には僅《わず》かな給与しか与えないが、自分と家族は有り余る経費を使っている。それは脱税といってもよい。

日本の銀座や青山で高級ブランドを爆買いしている人々は、ほぼすべてこうした経営者と、その家族といってよい。経費で買い物をしている。だから爆買いができるのだ。

このように、それほど規模の大きくない私企業の隆盛が、中国に極端な格差社会を作り出してしまった。

中国の経費天国の恐ろしい実態

中国では科挙に合格した者の周辺で親族や知人がビジネスを行う習慣は、いまも生きている。起業して成功すると、自分の娘を有力な政治家の息子と結婚させる。政治家の給料は安い。だから政治家のほうでも支援者を探している。成功した企業経営者は必ず有力な政治家と縁戚関係になる。

大成功すれば大物政治家と縁戚になる。小成功なら小物の政治家。そして、企業経営者は政治家と組むことによって、成功の階段を上る。

面白いのは、成功すると妻を代えることだ。中国の大手金融グループである安邦保険集団を作りあげた呉小暉《ごしょうき》は、二〇年ほど前に、当時の杭州《こうしゅう》市長を務めていた盧文舸《ろぶんか》の娘と結婚した。それによって成功の足掛かりをつかんだ。しかし、より大きな成功を得るため、その妻と離婚……鄧小平の孫娘と再婚した。「糟糠《そうこう》の妻は堂《どう》より下《くだ》さず」との諺《ことわざ》がある国にもかかわらず、現代の中国では、このような行動に出る人がたくさんいる。

しかし鄧小平の名を使って事業を拡大したのだが、最終的には裏目に出てしまった。それは、習近平が内心、鄧小平を嫌っていたからだ。

習近平が政権の座に就いても、呉小暉は派手に事業を拡大し続けていた。しかし、外貨の持ち出し制限に関連して逮捕された。鄧小平の孫と結婚していれば安全と考えていたようなのだが、それがかえって裏目に出たようである。

こうした敵対勢力への攻撃にも、本書で述べる「デジタル文化大革命」は、習近平にとっては大きな武器となる。

ところで習近平が鄧小平を嫌う理由は、いくつか挙げることができる。

まず、習近平は共産主義を好み、市場主義を嫌う傾向がある。これは彼の多感な時期が文革時代に重なり、いまでも心のどこかで毛沢東を信奉しており、その路線を否定した鄧小平に共感できないのだろう。

加えて習近平は、毛沢東については建国のカリスマとして認めているが、毛沢東以外でカリスマになった鄧小平に対しては、嫉妬《しっと》の念を持っている。つまり、習近平はまだ、カリスマになっていないからだ。

そして、これが最有力とされるが、天安門事件の際、習近平の父親である習仲薫《しゅうちゅうくん》が趙《ちょう》紫陽《しよう》を支持したために鄧小平から迫害され、これを恨んでいるというもの。そのため「デジタル文化大革命」で中国を作り替え、鄧小平の上を行こうとしているのだろう。

さて、いずれにしろ中国ビジネスでは、起業家は政治家と組むことが必須になっている。有力政治家であれば、当然のこととして税務署や警察にも睨《にら》みが利《き》く。そのために、彼らの所得は極めて把握しにくい。

彼らは有り余る財力で不動産を買いあさり、不動産バブルの中心にいる。その動向は中国の将来を考えるうえで極めて重要である。しかし、政治家と組んだ彼らのお金の動きは把握しにくい。

中国共産党中央規律検査委員会（中規委）といえば、中国では泣く子も黙る最大最強の調査機関であるが、この全能に思える機関でも、汚職の捜査は相当難しいようであり、容疑の内偵には時間がかかっている。それは、政治家と組んだ企業経営者の金の流れの把握《はあく》が極めて難しいからだろう。中国はこのような社会である。だから、公的な調査や統計では真の金の流れを把握できない。

ついでにいうなら、筆者は各種の機関が発表する「ジニ係数」など、格差に関する統計を信用していない。それは経費の問題が無視されているからである。過去三〇年間、アジアを歩いて回ったが、その金持ちの多くは、企業経営者とその周辺に位置する人々である。彼らは経費で生活しており、ベンツも経費で買って乗り回している。そんな社会を公式な統計から作られる数字で論じることは不可能である。

このことは、「なぜ日本は格差が少ない社会か」の答えになっている。それは、日本では優秀な人間が公務員や大企業に行くから。江戸時代からお上を崇《あが》める心情が身に付いてしまったために、現代になってもその傾向がとても強い。結果、優秀な人が起業することは少ないのだ。

そのため、個人経営や中小企業の生産性は、アジアの開発途上国と比べても低い。その所得も多くない。個人事業主が家計と経費を一緒に使っていることは中国と同じではあるが、日本の税務署は中国より優秀であり、また個人事業主が政治家と組んで税務署に圧力をかけることもない。その結果、中国のように経費天国とまでは言い難い。

日本は優秀な人間を大企業と公務員に囲い込んで、その給与をガラス張りにしている。これが、日本を格差のない社会にしている最大の要因と考えられる。

「デジタル文化大革命」への反抗

文化大革命のもとでは皆が等しく貧しかった。改革開放路線に転じたことで庶民の暮らしも改善したが、これまで述べてきたように、一部の人に富が集中するようになってしまった。格差社会は誰の目にも明らかである。多くの経営者は政治家と結び付き、経費でベンツを乗り回している。当然、それは民衆の不満の原因になる。

ただ数年前まで、農民が、格差そのものについて怒ることは少なかった。それは徹底的な情報統制が敷かれているために、汚職の実態を知ることが少なかったこともある。しかしその最大の理由は、数年前までは経済が順調に拡大しており、農民でもいつかは豊かになることができると思っていたからだ。が、それも夢のまた夢と気づき始めたのである。

かつて、都市に出た農民工が少額の資本を貯めて商売で成功したという話は各地に存在した。ほぼ年率一〇%を超える経済成長が二〇年以上も続いた社会には、多くの成功物語が存在したのだ。

しかし、習近平が総書記に就任した頃から、中国でも経済成長に陰りが見え始めた。習近平政権は多額の公共事業を行うことによって景気の下支えを行っているが、それでも、北京オリンピックの前のような好景気を作り出すことはできない。

昨今、その習近平政権は、六・五%程度の経済成長を目標にして、毎年ほぼその目標を達成したとしているが、二〇一七年には遼寧省のＧＤＰにウソが露呈し、遼寧省は正式に「実際はマイナスであった」と認めている。

中国の統計は信用できない。六・五%成長は多分に作られた数字だ。実態は四%台だと思う。石油ショックによって高度成長が終焉《しゅうえん》してから、バブル崩壊までのあいだの日本の成長率も四%程度である。高度成長が終わると、その程度の成長率に収斂《しゅうれん》するのだろう。

成長率が落ち始めた結果、給与が上がらなくなった。多くの庶民は、習近平が総書記になった二〇一二年頃までは給料が上がっていたが、その伸びは止まってしまった。

ただ、これまでのところ、それに対して強い抗議運動は起きていない。「デジタル文化大革命」が進行する中国では、庶民は政府に不満があってもそれを表す手段がない。

しかし第五章で述べるが、苦労して大学や専門学校を出ても、それに見合う職に就けないという不満が若者のあいだに広がり始めている。また、苦労して学費を工面した親も不平を口にするようになった。これまで、格差に無頓着《むとんちゃく》だった中国人が、成長率が減速するにしたがって、それを不満に感じるようになったのだ。

産業のサービス化が格差を生む

農民工を使って安い工業製品を作り輸出する成長モデルが限界に達したために、現在、中国政府は、サービス業の振興を打ち出している。これは、どの国でも通る道であり、ごくまっとうな発想だ。そして、貧しい階層の出身でありながら大学や専門学校を卒業した若者を、サービス業に吸収しようと考えている。それは自然な政策といえよう。

ただ、サービス産業で働く人の賃金格差は大きい。サービス産業には、金融業や不動産業、また理容室や小売店など、多様な業種が含まれる。弁護士や会計士、あるいはコンサルタントのように、高度に知的な職業もあれば、不用品の収集のように体力を要する職業もある。

中国では、同じ工場でも、管理部門で働く人と現場で働く農民工のあいだには大きな賃金格差があった。しかし、同じ工場の管理部門であれば、その賃金にそれほどの格差はない。そして平均賃金も高かった。

だから、多くの人が工場の管理部門に憧れた。ホワイトカラーになるために、貧しい家庭に育った若者が、大学や専門学校に通った。しかし、もはや工業部門の管理的な職場は、多くの新規就業者を必要としなくなってしまった。ＡＩ（人工知能）の登場がそれに拍車をかける。

今後、ますます多くの若者がサービス産業で働くことになろう。しかし、その賃金水準は、大きな工場のホワイトカラーよりも低い水準にある。

多くのサービス産業では、働くためにそれほど高い技能を必要としない。一方、大きな工場で技師として働くには、それなりの教育と訓練が必要になる。が、飲食店で働くためには、それほどの教育や訓練はいらない。このように、多くのサービス産業は労働者の代替が可能な職種であるため、一般にその賃金は低い。

つまり、これからは中国の若者も、多くの先進国の若者と同じような境遇に置かれる。親の世代のように、高い教育を受ければ安定した産業の管理部門で働ける、あるいは高い給料にありつけるということはなくなる。

加えて、インターネットに強い規制を加える「デジタル文化大革命」下の中国では、インターネットを利用した新しい職種も生まれにくい。現在、ごく短期間を見ると、中国のネット起業が盛んだとの報道を耳にするが、官僚が威張って常に見張っている国で、中長期的にネット産業が発展することはない。

聞くところによると、習近平は古い頭の持ち主で、漫画、エロ画像、オタクっぽい表現を嫌うようだ。それが共産主義社会の特徴なのだろう。しかし、漫画、エロ画像、オタクっぽい表現が禁止されるのなら、そんなネットはつまらない。どの国でも、官僚が主導してサービス産業が発展することはない。共産党主導による産業のサービス化は、必ず失敗に終わる。

産業のサービス化が進めば、ごく一部のエリート、すなわち金融業や経営コンサルタント、弁護士（ただし人権派弁護士は中国では逮捕される危険性がある）などを除き、多くの人は飲食業や小売業など低賃金の職に就くことになる。そして、現在の米国や欧州と同じような問題、つまり、若者の職業の低賃金化が進むことになる。

結果、サービス産業が発展しても、中国の格差問題が解決されることはない。だからこそ習近平は「デジタル文化大革命」を推進し、批判の声を抑え込もうとしているのだ。

コラム　日本の研究者がスルーする中国の戸籍制度

前著の表題に使った「戸籍アパルトヘイト」という言葉が強烈だったためか、一部の人からお叱《しか》りをいただいた。前著は中国をことさらに貶《おとし》める書物として、中国通とされる人々に不人気であった。

ただ中国を訪問し、都市部のインテリと話をしていても、中国の実情は理解できないと思う。「戸籍アパルトヘイト」は事実である。ハイテク産業の発展が世界から注目される深圳のような都市でも、そこの工場に働く工員は一〇〇％農民戸籍である。そして、深圳の一人当たりGDPは先進国並みになったとされるが、そこで働く農民工の月給は、平均五〇〇〇元程度（約八万円）である。

体力に自信がありお金が欲しい農民工は、一日一二時間、土曜日や日曜日も休みなく働く。それでも収入は、一月で七〇〇〇元にしかならない。

農民工に提供される宿舎は個室ではなく、三人部屋や四人部屋が普通である。それは、お世辞にもきれいとはいえない。

食事が朝食は二元、昼食と夕食は一〇元程度で提供されるが、不衛生で栄養のバランスも悪い。最底辺の人向けの食事である。そのため、毎日、会社で夕食を食べる人は少なく、仲間と周辺の食堂で摂ることが多い。が、そうなると一回三〇元程度が必要になる。日用品も購入しなければならないから、五〇〇〇元の収入があっても、故郷に仕送りできる金額は、その半分程度という。

ハイテク都市として著名な深圳であっても、農民工は、このような劣悪な労働条件のもとで働いている。それによって、世界に誇る深圳の競争力が維持されている。

そのような工場を日本人が訪ねて、農民工の話を聞くことは難しい。そのため、上海に住んで都市戸籍の若者やインテリだけを相手にしている人には、前著は中国を不当に貶める本に見えたのだろう。

インテリは空想の中国を見て前著を批判した。日本のインテリは格差のない社会が好きなようだが、そのインテリは、中国の凄《すさ》まじいまでの格差から目を背《そむ》けている。

このところ、中国を研究している学者が書く本は、中国の内面を鋭く抉《えぐ》ることに成功していない。それは、ごく少数の学者や研究者を除いて、中国の戸籍問題について言及しなくなったからだろう。

ごく一部の研究者も、習近平の独裁が強化されてから、発言を控えなければならなくなった。なぜなら学者といえども、中国にとって都合の悪いことを書くと、中国での調査ができなくなるからだ。中国で開かれる会議にも出席できなくなる。そんな雰囲気のなかで、中国社会が抱える最大の問題である戸籍問題について書くことはできなくなったのだ。

習近平の進める「デジタル文化大革命」の進行によって、中国は戦前の日本のような社会に変わった。これまでも思想信条の自由は制限されていたが、昨今の中国では、一切の政治的、宗教的自由はなくなってしまった。言論も厳しく統制されている。

胡錦濤政権では、何度か検討された固定資産税も、いまは話題に上らなくなった。本来、社会科学者であれば、これらの問題を厳しく追及しなければならない。日本人の学者が日本で何を書いても逮捕されないのだから。

現在、日本の研究者は、中国政府に忖度《そんたく》ばかりしている。学者としての地位を守るために、その目が濁ってしまった、そう考えざるを得ない人が確実に増えている。

第五章　文化と創造力を殺す「デジタル文化大革命」

爆買いできるのは人口の四％だけ

本書の主題である「デジタル文化大革命」に抑圧されながらも、九億人の農民戸籍者から収奪して裕福な地位を得ている都市戸籍者――彼らは確かに豊かになった。

二〇一七年、中国の自動車（新車）販売台数は二九〇〇万台程度である。日本の販売台数は五二〇万台程度、バブル景気に踊った一九九〇年の販売台数は七八〇万台であった。中国はいま、バブル景気の末期にいると考えられるが、その販売台数は日本のバブル期の約三・七倍である。一九九〇年の日本の人口を一・二億人とすると、その三・七倍は四・四億人になり、都市戸籍を有する人口とほぼ一致する。

日本を訪れる観光客の数からも、豊かになった人々の人数が推定できる。だが、その数字は都市戸籍の人口を大幅に下回る。訪日する中国人の観光客数は、韓国からの観光客を少し上回る程度でしかない。二〇一七年は、中国から七三六万人、韓国が七一四万人である。訪日する観光客の数は、ほぼ同数である。

韓国の人口は五〇〇〇万人ほどでしかない。そして、韓国でもすべての人が日本に観光に行けるわけではない。そう考えると、中国で日本旅行ができる人は五〇〇〇万人、人口の四％程度でしかないといえるだろう。

それは、自動車の販売台数からの推定と大きく異なる。しかし、そのどちらも本当なのだろう。バブル景気のなか、多くの中国人がローンを組んで車を買っている。それは、地下鉄の整備が進んだといっても東京ほどは便利でない中国で生活するための、生活必需品である。ただ、海外旅行を楽しむ人は、それより少ない。

中国人が銀座で爆買いをしている姿を見ると、中国人全体が豊かになったかのような錯覚にとらわれるが、そのような行為ができるのは数千万人程度であり、それは中国の人口の上位数％に留《とど》まる。

習近平一派による天文学的な汚職

そんな中国でも、経済が順調に成長しているときは、多くの人がいつかは豊かになれると思って我慢していた。どの国でもそうだが、途上国のファミリーが成功する秘訣は教育にある。貧しさを味わった親の世代が無理をしてでも子供によい教育を受けさせ、その子供が上位の階層に移動するというパターンである。

日本ではこの現象は昭和三〇年代から生じた。戦前の日本では高等教育を受けられる人は限定されていた。もちろん、貧しい家庭に育ちながら苦学して上位の階層に移動した人もいたが、その数は限られていた。

庶民の子弟にも高等教育をうけるチャンスが広がったのが、昭和三〇年代である。そして、多くの家庭でジュニア世代が高等教育を受けた。結果、彼らがその教育に見合う職に就くことができたため、日本は昭和五〇（一九七五）年頃に一億総中流と呼ばれる社会を作り出すことに成功した。

まさに、それと同じことが二一世紀に入った中国で起きている。中国における高等教育は二一世紀に入って急拡大した。現在、大学、短大、専門学校への進学率は、都市戸籍者に限っていえば、日本よりも高くなっている。そして、都市部では四年生の大学に進学することが当たり前とされる社会になり、農村部でも多くの人が高校を卒業したあとに短大や専門学校に通うようになった。

彼らが、日本のようにスムーズに上位の階層に移動することができれば、中国にも一三億総中流社会が出現する。しかし中国は、そのタイミングから二〇～三〇年ほどずれてしまった。

日本の戦後は焼け野原からの出発であったが、それでも明治以来の蓄積があったため、昭和三〇（一九五五）年頃になると進学ブームが訪れて、その卒業生は高度成長を続ける日本社会に迎えられた。一方、中国では、農村部まで進学ブームが広がったのは、ここ一〇年のことである。しかし、中国では明らかに奇跡の成長が終わり、公共事業によって無理に景気の底上げを図る時代に突入している。そのため現在、雇用のミスマッチが深刻化している。

そんな社会でも汚職はなくなっていない。確かに反腐敗運動によって高官の大規模な汚職は減ったが、社会の潤滑油的な存在である小さな汚職は残っている。そして、習近平に連なる高官が巧みに汚職を行うシステムができあがった。激しい派閥抗争を行って習近平独裁を作り上げたのも、そのためだった。もし主要なポストを独占しても利益がないのなら、激しい派閥抗争など起こらない。

どの国でも政権与党であることには旨《うま》みがある。本書を執筆中の二〇一八年六月には、日本の国会に参議院選挙制度改革法案が上程され、七月に可決された。しかしその中身は、二〇一五年の改正法で「鳥取と島根」「徳島と高知」を合区にしたが、その際に議席を失った議員を比例区で救うために自民党が考え出したものである。

民主主義国家の日本でも、こんなことが罷《まか》り通る。情報が統制された独裁国家たる中国では、こうした「裁量権」が、途方もなく大きい。当然、習近平に連なる人々は相当に「美味しい」思いをしている。

だからこそ、習近平は引退することができない。それは、習近平に連なる人々が命がけで作り上げた「世界一のシステム」を手放すことになるからだ。

習近平が死亡したり失脚したりした場合、習近平とその派閥が天文学的な汚職をしていたことが明らかになることだろう。このように、多くの人々が心のなかに不満を溜め込む社会が出現してしまったのだ。

大卒が余り農民工は人手不足に

経済が順調に成長しなくなって深刻さを増しているのが、大学を卒業した人々の就職である。中国の大学進学率は急速に向上した。四年制大学に短大と専門学校を含めた、いわゆる高等教育を受けた者の比率は、同年代の約半数に上っている。現在、都市に住んでいれば、その多くは高校を卒業したあとも勉強を続けている。農民の子弟でも、短大や専門学校に行くことは珍しくない。

学歴偏重社会の中国では、高等教育を受けることイコール、社会でよい待遇を受けることである。だから、人々は無理をして子供を大学などにやる。しかし、ちょうど進学率が高まった頃に、奇跡の成長が終わり始めた。

そんな現在、中国政府がいちばん困っている問題は、職業のミスマッチである。少子高齢化は中国でも進行しており、一八歳人口は減り続けている。もはや農村から十分な若年労働力を集めることはできない。そのため、農民工は人手不足になっている。

その一方で、年率一〇%を超える奇跡の成長が終わってしまったため、ホワイトカラーの需要は減っている。にもかかわらず、大学を卒業する若者の人口は急増した。大学を出れば誰もがホワイトカラーになれる時代も終わってしまった。

北京には「蟻族《イーズ》」と呼ばれ、大学を出ても就職ができないため、暗いアパートに集団で住む若者がいる。大学卒業後、そこに住んで就職活動をしている。しかし、よい就職口を見つけることは難しい。なかなか、蟻の穴（薄暗いアパート）から抜け出ることができない。

大学を出ても、初任給は月に五〇〇〇元（八万円）程度とされる。地方都市では三〇〇〇元から四〇〇〇元ともいわれる。それでは都市で生活することはできない。北京や上海では、アパートを借りるだけで月五〇〇〇元程度は必要になる。

こうして大卒が余るなか、初任給は相対的に安くなってしまった。もはや大学を出たくらいでエリートにはなれない。それが分かっているのに、大学を出た若者は、絶対に農民として働くことはない。

それは、農民戸籍を持って専門学校を出た者も同じである。これこそ学歴社会が骨の髄まで染みついた中国人の行動原理。その結果として、農民工は足りないのに、都市には多くの失業者が存在する雇用のミスマッチが生じている。

大学を卒業した者が就職するとされた国家機関や大手銀行、あるいは有名国営企業などに就職するためには、北京大学や清華大学など有名大学を卒業する必要がある。ここまでなら、日本とさほど変わりはない。

中国で異なるのは、有名大学を出ただけでは十分ではなく、共産党の有力者のバックアップが必要となる点である。親や親族が共産党の幹部、または幹部に有力なコネを有する者でないと、優良な職場に入るのは難しい。それが中国の多くの若者に屈折した感情を植え付けている。

「アラブの春」を中国の若者も

習近平政権が最も恐れているのは、若者の反乱である。それは胡錦濤政権の時代から変わらない。胡錦濤政権は八％経済成長の維持をうたったが、その最大の理由は、この程度の成長率がなければ、若者が農業以外の職業に就くことができなくなり、それが社会不安につながると考えたからだ。

習近平政権も、その思いは同じである。ところが胡錦濤政権の時代よりも条件が悪くなった。農民の息子や娘も短大や専門学校などで高等教育を受けるようになり、一部は大学まで進むようになったからだ。

彼らに望みの就職口を用意しなければ不満が溜まる。しかし景気は減速して、思うようにホワイトカラーの就職口が増えない。習近平政権が必死になってネットを規制し監視する理由、「デジタル文化大革命」を推進する動機が、ここにある。

そんな状況のもと、大学を出た多くの若者が不満を口にする世の中が到来した。共産党が恐れているのが、このような人々とその家族である。苦労して息子や娘を大学に通わせたのに、卒業してもその給与が農民工とさほど変わらない……当然、親子ともども不満が溜まる。

中国共産党は、大学を出ても希望の就職口を見つけることができない人々がデモなど政治活動を始めることを、極端に恐れている。なぜか？

都市に住む比較的高い学歴を持つ若者の失業と低賃金——それは「アラブの春」の原因となった。チュニジアでは、大学を出たけれども職に就けなかった若者が、路上で果物を売っていた。警察官が「路上で許可なく商売をしてはいけない」と注意した。それに対して若者が反抗的な態度に出たために、警察官が若者に暴行を加えた。それが「アラブの春」のきっかけになった。

多くの人が暴行を受けた若者に同情して抗議デモを行ったのだが、それはチュニジアにおいて長期間、独裁的に政治を行っていたベンアリ政権を崩壊させてしまった。そして、それはあっという間に周辺のアラブ諸国に伝播《でんぱ》した。その最大の原因は、アラブ諸国の多くの若者が、チュニジアの路上で果物を売っていた若者と同じような境遇にあったためだろう。

若者世代の失業と低賃金——。現在、これは全世界的な問題である。非正規雇用に従事する若者が増える日本も例外ではない。

二一世紀の若者はスマホを器用に使いこなす。ゆえに、情報があっという間に広がる。それは情報が、新聞、ラジオ、テレビで拡散していた世代とは大違いである。これが、

「アラブの春」のエネルギーが、チュニジアだけでなく急速にアラブ諸国に広がった理由である。

それゆえ習近平政権は、ネットの管理に極めて神経質になっている。少しでも共産党政権の非難につながる情報は、徹底的にネット上から排除しようとしている。「デジタル文化大革命」によって——。

反日デモに怖れをなした共産党

現在、中国では、当局が人々の行動を徹底的に把握している。中国は超監視社会となったのである。

戦前の日本も軍部が牛耳《ぎゅうじ》り、天皇制国家に逆らう人間は徹底的に弾圧されたが、それと同じような状況が、現在の中国に出現している。

当然のこととして、結社の自由はない。また、デモや集会も勝手に行うことができない。二〇一二年、日本政府が尖閣《せんかく》諸島を国有化した際に反日デモが大々的に行われたが、そのようなデモが行われたのは、当局が許可しただけでなく、それを仕掛けたからだ。

当局の人間がデモへの参加を呼び掛けた。人々は、そのデモに参加しても当局から弾圧されないことを知った。だからこそ多くの人が集まり、一部のデモ隊が暴徒化した。それは、当局が呼び掛けている以上、少々羽目《はめ》を外しても捕まらないと思ったからだろう。日頃の鬱憤《うっぷん》を、日系スーパーや日本製自動車を破壊することによって晴らしたのだ。

日本人は、その映像を見て恐怖感を抱いた。多くの中国人が日本に敵意を抱き、その敵意が激烈だと感じたからだ。

しかし、その実態は少々違っていた。確かに反日教育の結果、日本に敵意を抱く人々が増えていたことは事実だろう。ただ、その敵意があのような暴力行為につながったわけではない。日頃、そのような「鬱憤晴らし」を禁じられていた人々が、当局のお墨付きを得て、ここぞとばかりに暴れ回ったというのが真相だろう。

当局はデモを唆《そそのか》してみたものの、それが簡単に暴徒化したことに恐れをなした。そして「愛国無罪」をスローガンにした人々の批判の矛先《ほこさき》が共産党に向かうことを真剣に恐れた。そのため、途中からは反日デモを抑制しにかかった。中国の民衆は数が多く、かつ何かの際に暴徒化しやすい。

当局は、このときの経験からも多くを学んだはずだ。ＳＮＳで動員をかける若者の手法などは初歩的なものだが、「デジタル文化大革命」は民衆の奥底まで浸透し、複雑で高度な手法まで把握して、彼らの団結や抵抗を未然に防ごうとしている。

権力の情報独占を奪った印刷技術

ウィンドウズ95が発売された一九九五年は、ネット元年と呼ばれる。この技術は一五世紀のグーテンベルクによる印刷術の発明と同様に、社会に大きなインパクトを与えた。そして、現在も与え続けている。

その最大の影響力は、権力が情報を一手に握ることができなくなったことである。ヨーロッパでは、ヨハネス・グーテンベルクが印刷技術を発明する以前、本は手書きによって作られていた。よって、本の数も少なく、極めて高価であった。その作成速度も遅かった（旧約・新約聖書〈ラテン語版〉『グーテンベルク聖書』は一四五五年刊）。

印刷技術が普及する以前にローマ教皇の権威に異を唱えたボヘミアの学者ヤン・フスは、結局、ローマとの闘争に負けて火あぶりになった（一四一五年）。しかし、それから約一〇〇年を経て現れたマルチン・ルター（『九五ヵ条の論題』、一五一七年発表）は、プロテスタントという新しい宗派を作り出した。その最大の原因は、彼の意見が印刷物となり、多くの人の目に触れたからである。

当時、識字率は低かったが、それでも字の読める人々（つまり地域のリーダーたち）は、書物を読むことによってルターの主張を知り、彼に共感を寄せた。その後、ルターは、それまでラテン語で書かれていた聖書をドイツ語に翻訳した。それは直ぐに印刷され、広くドイツ人に読まれた。

すると、聖書には免罪符のことが書かれていないことが明白になった。この事実が、プロテスタント運動を揺るぎないものにしていったのだ。

この運動は、教会が社会に大きな影響力を持った時代、つまり中世の終わりを意味した。印刷物の普及によって、法王や司教、あるいは司祭の地位は、時間が経つにつれて低下していった。

ネット遮断で一〇年後に後進国へ

それから約五〇〇〇年を経て出現したインターネットは、官僚や大学教師など知識階級が持つ社会への影響力を無力化し始めた。二一世紀は、各国ともに知識階級の社会への影響力が著しく低下し始めた時代である。

二〇一六年から始まったトランプ現象や社会の右傾化とインターネットの関係は軽々に

論じるべきではないが、一般の人々の意見が広く社会に拡散するようになったことが、その現象を陰で支えているようにも見える。

グーテンベルクによる印刷術の発明、それは一九世紀になって新聞を産み出した。そして、二〇世紀に入ってラジオやテレビが普及するとメディアと呼ばれ、一度に大量の人々へと情報を伝達する技術では、一部のエリートがそれを独占した。新聞記者やラジオ・テレビ会社の職員は社会のエリートであり、その影響力も大きく、彼らが慎重に選んだ内容を、社会に伝えた。

メディアの世界に住む人々は、反政府的といわれるメディアであっても、基本的には知的エリートの枠内に住んでおり、社会を啓蒙《けいもう》する観点から情報を伝えていた。つまり、政府寄りであっても反政府的であっても、メディアはエリートの所有物であったのだ。

そのような状況がネットの普及によって大きく変わり始めた。まず、国連などの国際機関が、多くのデータを誰もが手に入れやすい形で公表するようになった。これによって、各国の官僚がデータを独占することが不可能になった。

世界は大きく変化し始めた。それがどこにたどり着くのか分からないが、ただ一つ取り残される国がある——中国だ。

実際、中国でネットサービスが盛んになったといっても、それは道具としてのネットである。ネットの重要な機能である情報公開、あるいは自由な意見の交換、そして国外の文物の情報検索……中国はこのような機能を完全否定している。

ある中国人の話だが、中国では海外のサイトに接続して自由にデータをダウンロードすることができない。そのために、半年に一度程度、日本の高級ホテルに滞在して、一日中海外のデータをダウンロードするという。「高級ホテルのネットはつながり具合がよくて、すいすいデータをダウンロードすることができるので便利だ」といっていた。

ただ、習近平政権の監視が強まるなか、このような行為をこれからも行えるのか、先行きは分からない。いずれにしろ、習近平の独裁が強化されることによって、中国は文化鎖国時代に突入したのだ。

中国の人々はネットのグレートウォール（万里の長城）のなかに囲い込まれ、その内側でしか生きていくことができない。こうして一〇年も経ないうちに、中国は文化的な後進国に転落するだろう。

中国人は、習近平の独裁によって海外情報を得ることができなくなった状況を、どのように考えているのだろうか。筆者が知る限り、中国人はそれを不満に思うものの、大きな声を上げて抗議するようにはなっていない。もちろん抗議の声を上げれば、身に危険が迫る。ただ、それだけが原因ではないように思う。最大の原因は、中国人は、このような鎖国状態に慣れているということなのだ。

文化を生み出さない中国のネット

一九八〇年代に工業化文明が行き詰まったとき、インターネット社会を切り開いたのは米国であった。そして現在も、マイクロソフト、アップル、グーグル、アマゾン、フェイスブックといった、ネットを通じて巨利を得る会社は米国に存在する。

中国のインターネット市場が巨大であるために、中国にも大規模なネット会社が出現している。しかし、政府の庇護《ひご》を受けて成長し、米国の模倣をしているに過ぎない。いくら大きいといっても、模倣からは新たな技術は出現しない。

そして、習近平の時代である。若者世代の反乱が怖い習近平は「デジタル文化大革命」を推し進め、ネットの規制を強化している。海外の情報を遮断し、共産党批判は許さない。そんなネットを使い、常に監視されている状態で、新たなイノベーションが生まれるであろうか。

深圳を訪ねた識者が、中国で猛烈に発達するIT産業を見学し、「ここが中国の新たな産業の拠点になる」などと述べるが、この人物は文化・文明の根本を理解していない。海外からの情報を遮断し、政府批判を禁じた環境下では、新たなイノベーションなど絶対に生まれない。

それは、一七世紀から一九世紀の西欧、中国、そして日本の歴史を見れば明らかだ。「長い一六世紀」といわれる変革の時代を経て、中世から近世になったヨーロッパは、急速な発展を遂げた。ただ、ヨーロッパの近世は平和な時代ではなかった。革命や反革命が繰り返され、また戦争も頻発した。もちろん、政府は反政府的な活動を禁止したが、その力が弱かったために、体制への反骨が芸術を生んだ。

モーツァルト（一七五六～七一）が作曲したオペラ「フィガロの結婚」（一七八六年初演）は、当時の支配階級である伯爵の初夜権をめぐるドタバタを題材にしたものであり、当局から目を付けられるものであった。モーツァルトは、そんな台本に対して曲を書いている。逆に、反骨精神や、それを許容する雰囲気のない社会からは、何も生まれない。

同時期の日本や中国は停滞していた。それが大分岐を生んだのだが、その原因は、海外からの情報の遮断と政府批判に対する徹底的な取り締まりだろう。

永井荷風《ながいかふう》は『断腸亭日乗』のなかで、俳諧をもって当時の軍国主義的な国策に貢献しようと主張する人に対し、「俳諧の底には世の中に対する批判が存在し、それがなければ俳句にならない。こんなことも分からない人がいる」（一九四〇年一二月二二日）と揶揄《やゆ》している。このあたりは文化の創造という観点から、至言というべきであろう。

同様に、立派なビルに全中国から集まったエリートが働いているといっても、深圳は何も生み出さない。そこで作られるものは、これまで作られた技術の模倣の域を出ない。シェア世界一と称するドローンなどは、その最たるものであろう。

このあたりが、米国が偉大だとされる所以《ゆえん》だろう。確かに、全世界のＧＤＰに占める米国の割合は低下している。が、ウィンドウズでコンピューターを一般人のものにしたのも、ｉＰｈｏｎｅで現代人の生活様式を変えたのも、アマゾンで流通市場の大転換を実現したのも、フェイスブックでまったく新しい人間関係を構築したのも、米国だ。いくら騰訊控股（テンセント）が大会社だといっても、それはタダの模倣に過ぎない。

明・清以降は創造力のない国に

現代の中国を考えるには、明と清を見る必要がある。中国の創造性が失われたのは、この時代だと見る。

明と清、どちらも北京を都とした帝国である。明の建国は一三六八年、清が滅びたのは一九一二年であるから、五五〇年ほどの歴史。現代の中国人の思考パターンは、多分にこの時代の影響を受けている。第一には、習近平が皇帝になることに違和感がないことだ。むしろ、孫文《そんぶん》や袁世凱《えんせいがい》が大統領などといっていた時代（中華民国）には、違和感がある。皇帝がいない時代、つまり中華民国は不安定な時代だった。

そして、官僚を偉いと考え、その意見に従うこと、またはお金によって官僚を巻き込んで商売を始めること……これらも明と清の伝統を踏襲《とうしゅう》しているといってよい。

加えて鎖国である。明は鎖国主義を採り、清の対外政策については議論があると思うが、その気分は鎖国的であった。それは、一八世紀末に英国から貿易促進ために派遣された使者、ジョージ・マッカートニーに対し、乾隆帝《けんりゅうてい》が「清国は地大物博だから他国と交易する必要はない」と言い放ったことからも分かる。

この明と清は文化的には不毛な時代である。中国文明が光を放っていたのは宋まで。南宋は一二七九年に元によって滅ぼされるが、それ以降の中国の文化は見劣りがする。

日本は多くのものを中国から取り入れたが、それは中国において南宋以前に作り上げられたものである。孔子《こうし》、老子《ろうし》、荘子《そうし》は春秋戦国時代。司馬遷《しばせん》の『史記』は前漢。仏教は北《ほく》魏《ぎ》、隋、唐の時代。李白《りはく》、杜甫《とほ》、白楽天《はくらくてん》は唐。禅仏教は唐の後期に栄え、日本には鎌倉時代に南宋より伝わった。朱子《しゅし》学は南宋が生んだ。

日本が影響を受けた良質な中国文化は、すべて南宋以前に作り出されたものである。明や清の時代になると、『三国志演義』『金瓶梅《きんぺいばい》』『西遊記』『紅楼夢《こうろうむ》』などの小説があるが、それらは良質な文化とはいえないだろう。

ではなぜ、南宋以降の中国は、良質な文化を産み出さなくなったのであろうか？　元が中国を侵略して、多くの文物を破壊し、知識人を殺したからなのか？　いや、それは元に対する不当な非難だろう。元の支配は、当時のごく普通の方式。中国が文明を産み出せなくなった原因とは考えられない。

筆者は、その原因は科挙にあると考えている。科挙の制度は隋の時代に作られたとされるが、その制度は唐になっても、完全に普及したとは言い難い。唐の時代には、地方領主として貴族も数多く存在し、科挙官僚が行政を牛耳《ぎゅうじ》ることができる時代ではなかった。

唐詩の作者のなかで、杜甫は科挙の試験を受けたが合格できなかった人物だ。一方、白楽天は科挙合格者。そして、李白は科挙の試験を受けようともしなかったといわれる。

このことから分かるように、唐の時代、科挙は知識人として認められるための必要条件ではなかった。科挙を目指さない知識人も多かった。そんな時代に高い文化が生まれた。

しかし、宋の時代に科挙のシステムが完成する。そうなると、知識人として認められるためには、まず科挙に合格しなければならない。朱子《しゅし》学を作り上げた朱子、そして明の時代に陽明学を作り上げた王陽明《おうようめい》は、科挙の合格者である。

システムが完成した宋の時代に、知識人と見なされるには科挙に合格しなければならないとの考えが広まった。そしてそれは、明の時代になると完全に定着した。こうして知識人すべてが受験秀才という時代が訪れると、中国は、新たな文化を創造できなくなってしまったのだ。

中国は、一四世紀頃までは世界の最先端を行く文化と科学技術を有していたが、長い知的停滞の時代に突入した。そして日本が明治維新を成し遂げても、それと同様のことはできなくなってしまった。遅ればせながら清の光緒帝《こうしょてい》が明治維新を真似て始めた洋務運動は、西太后《せいたいこう》が保守派と組んでつぶしてしまった。

こんな愚行を繰り返したのだ。それは欧米や日本の侵略を招く結果にもなった。

——その後、現在に至るまで、中国が創造した製品やサービスが人類の生活を変えた、などということは皆無である。そして、「デジタル文化大革命」が進めば進むほど、中国人が創造性を取り戻す可能性はゼロに近くなっていく。

中国人がノーベル賞をとれぬ理由

中国が改革開放に舵を切ってから四〇年が経過する。そして、世界第二位の経済大国になった。それにもかかわらず、ノーベル賞の受賞者が少ない。平和賞一名、文学賞一名、そして自然科学でも一名のみである。一三億人の人口を抱えながら、さびしい限りだ。

その原因は、この科挙の伝統が頭に浸み込んでいることにある。そして、明と清で作り上げられた大国思想と鎖国主義も影響している。中国人は中華文明が世界で最も優れていると考えているらしい。

ただ、中華料理は世界で最も美味しいといわれれば、それほど反対はしないが、皇帝と科挙官僚が行う政治（習近平と共産党のエリートが推進する体制）が最も優れたものだといわれれば同意しがたい。

また、中国の科学技術が世界一だといわれても、清華大学が世界で一番レベルの高い大学だといわれても、納得しがたい。

日本も明治以来、帝国大学と高等文官試験という中国型システムを導入した。それは、現代の官僚の体たらくにつながる知的退廃を用意したのだと考える。

実際、日本でノーベル賞を受賞した人のなかには、大学の主流派として多額の研究費を得ていた研究者は少ない。その多くは、江戸時代の伝統、すなわち学問は市井《しせい》の人が行うものだという伝統を引き継いだ、アマチュア的な感性で研究を行っている。日本人のノーベル賞受賞者の多くが、学会の会長を歴任した人ではなく、どこにでもいるような人であったことからも、それが分かる。

しかし現代の中国には、日本のノーベル賞受賞者のような人材はいない。優秀な人は試験で選別され、中国の国家機関に囲い込まれている。それでは自由な発想で研究はできない。これと同じようなことが、明や清の時代にも行われていた。それが中国の伝統なのだ。

だからこそ、明も清もこれといった文化を産み出さなかった。科学技術でも西欧に後れをとってしまった。文化の基盤のないところで科学技術だけ発達させようとしても、それはどだい無理である。第二次世界大戦後、米国が世界の科学技術のリーダーになったのは、それを可能にした自由な社会が存在したからだ。

娯楽や文化は作れないのが官僚

文化大革命下の中国のように徹底した社会主義経済のもとなら、その政治を共産党独裁によって行っても大きな矛盾《むじゅん》はなかっただろう。誰もが等しく貧しく、金儲けのチャンスのない社会ならば、誰が政治を行っても、庶民の生活にさほどの影響はない。独裁政権が戦争を始めるようなことがあれば、それは庶民の生活にも大きな影響を与えることになるが、そのような極端なことを行わないのであれば、皆が貧しく刺激がない社会は、それなりにうまく回るのだろう。

ロシア革命の頃、ロシア一国だけが社会主義国になるのではなく、世界同時革命を行うべきだとする議論があった。それは一国主義を主張したスターリンと同時革命を主張したトロツキーとの路線対立に発展したが、その闘争にスターリンが勝利したことから、ロシアは一国社会主義へと進むことになった。

ただ、一国社会主義路線には無理があったようだ。それは、社会主義国は市場経済を否定して計画経済を行うことになるが、そこでは官僚が大きな力を持つことになるからだ。社会主義国では官僚が計画を立て、その実行を庶民に迫る。このシステムにおいて最も問題になるのは、官僚の資質だろう。

国全体が前進する計画を立てるのだから優秀な官僚が必要になる。だが、何をもって優秀というのだろうか？　どの国の誰が考えても、その基準は、筆記テストになる。中国の科挙もそうだったが、優秀な受験秀才が官僚になるのだ。

そして、その秀才が計画を作る。しかし秀才の考えた「あるべき社会」は、庶民にとってはつまらないものになる。受験秀才は、面白いテレビ番組を観たり、血湧き肉躍るゲームをプレーしたりしたことがない。すると当然、楽しくて多くの人が行きたくなるような歓楽街を設計することなどは苦手だ。

このように、受験秀才の集団に社会の基本設計をゆだねれば、恐ろしく無機質な社会ができあがる。これが社会主義の最大の欠点である。結果、人生自体もつまらなくなってしまうので、庶民は社会主義を嫌う。

社会主義は戦争の遂行に適したシステムである。戦前の日本も軍部が統制する社会主義国家といえる。だから、娯楽は弾圧された。お化粧することもきれいな洋服を着ることも、外国の映画を観ることも禁止された。ヒトラーのナチス党も、正式名称は「国家社会主義ドイツ労働者党」だった。

社会主義は武器を作るのが得意だ。国民に対して戦争に勝つという目標があるとき、計画経済は威力を発揮する。それはスターリンの独裁下で、ヨーロッパの田舎といわれたロシアが、その工業力でナチスドイツを打ち破ったことからも分かろう。

ただ、平和な時代が訪れ、庶民の娯楽を作らなければならなくなると、計画経済はまったく無力だった。それが一九九一年にソ連が崩壊した最大の原因だろう。

平和な時代の社会主義国が最も困ることは、国民が周辺の資本主義国を見て、その娯楽に憧れることである。逆説的になるが、トロツキーは正しかったのだ。世界同時革命が成功すれば、世界は同時につまらない世の中になる。そうなれば、他国を見て、その娯楽に憧れることはなくなる。

ここに書いたことは、中国の今後を考えるうえで重要なことを示唆《しさ》している。官僚が考える計画は、国家建設に役立つ。官僚は橋や道路を造るのも得意だ。港も空港も造れる。しかし、国家の基本の建設が一段落すると、つまり成熟社会になると、娯楽や文化を創り出さなければならない。しかし、官僚はこれが最も苦手なのである。

漫画は日本が誇るべき文化であり、現在、ネットを介して輸出される産業に育っている。しかし、漫画はオタクと呼ばれるような人々が作り出したものであり、スーツを着た霞が関に住む官僚が作り出したものではない。そして、こうしたソフト文化は、習近平の「デジタル文化大革命」のもとで、すべてその芽を摘まれてしまうことは断言できる。

習近平が育てるのは家畜人間

このように、習近平が作り出そうとしている社会は不気味である。「デジタル文化大革命」の悲しい結果だ。

そこでは、人々の行動はすべて共産党に筒抜けだ。ビッグデータを一手に管理しているため、一三億人の人々が何を考え何をしようとしているのかも分かる。そして、一・七億台以上も設置された監視カメラが、庶民の一挙手一投足を細大漏らさずチェックしている。新幹線や飛行機で移動する際にも、常に身分証明書を提示しなければならない……。

海外の情報は限られており、政府が提供する情報しか与えられない。マスメディアも常に政府にとって都合のよい情報しか流さない。ネットで拡散する情報も巧みに操作されており、人々は知らず知らずのうちに洗脳される。玉石混交《ぎょくせきこんこう》とはいえ、ウィキペディアで世界の文化や歴史、そして政治を学ぶこともできない。

そこで生きる人は、自由に生きているように見えて、共産党が与えてくれた柵のなかでしか生きることができない。いや、その柵の内側でしか生きることのできない人間にされてしまうのだ。まさに、習近平による中国人民の家畜化であろう。

そう、「デジタル文化大革命」の究極の目的は、人民の家畜化である。習近平に連《つら》なる一派が一三億人の家畜の上に胡坐《あぐら》をかく社会を作り上げるのだ。

しかし、そこに大きな矛盾が存在する。中国を除く世界では、ネットによって社会の激変が始まった。それは先にも述べたように、従来の知識層を無力化し、新たな時代に突入しようとしている。反知性主義が、欧米では人種差別主義やトランプ政権を産み出したりもするが、それでも規制のないネット社会は、大きなうねりとともに発展を続ける。

その混乱は新たな文化・文明を産み出してゆく。そうした雰囲気のなかでこそ、一九八〇年代の米国がインターネットを産み出したように、新たな技術も生まれる。しかし、人々の家畜化に注力する中国からは、そのような文化も文明も、そして技術も生まれない。

現在のようなネット規制が続けば、時代の流れが速い近年、一〇年もすれば中国は、世界から技術の面でも遅れた社会と見なされるようになる。習近平は長期政権を狙っているが、一〇年も経たないうちに、その矛盾《むじゅん》が露呈されるだろう。「デジタル文化大革命」の亡骸《なきがら》とともに——。

コラム 「デジタル文化大革命」でも治まらないパワハラとセクハラ

中国の雇用に関する感覚は、日本人のそれとは大きく異なる。それは米国に似ているといえよう。実際、中国で出世するためには、転職する必要がある。公務員などは、中国でも安定した職場であるため、長い期間にわたり勤める人も多いが、普通は同じ職場に勤めていたのでは出世できない。

日本人の感覚でいえば、課長程度のところに天井がある。それ以上のポストは外部の人が来るケースが多い。そして中国では、ヘッドハンティングされなければ上に登っていくことはできない。こうして新しいトップがヘッドハンティングされてやって来ると、その部下の入れ替えが起きる。トップは自分の元の職場から課長や秘書を連れて来ることが多い。中国では日本と異なり、局長や部長が部下の人事権をほぼ一手に握っているからだ。

トップが入れ替わったのであるから、非主流派になった自分は、どうあがいてもその会社では出世できない——そう思えば直ぐに辞める。これが中国の人事慣行である。新たなトップに逆らえばパワハラは当然であり、それに文句をいう人間がおかしい、ということになる。

中国の職場は政治的である。新たなトップが来れば、冷や飯を食わされても我慢するか、辞めるしかない。だから、多くのやる気のある人は転職する。中国人の感覚では、「冷や飯を食いながら働き続けるのは覇気のない人間だ」と考えられている。

セクハラも同じような感覚である。ある中国人にいわせると、中国の職場はセクハラだらけだという。そして、お尻を触られた、酒席で卑猥《ひわい》な言葉をかけられたなどと騒いでいる日本のセクハラ騒ぎを、冷笑している。

中国の職場では多くの女性が活躍している。部長や課長になる女性も多い。女性の社会進出という点において、日本は中国に大きく後れをとっている。だが、企業や役所のトップは必ずといってよいほど男性である。このあたり、女性を大臣にすることによって女性の社会進出をアピールしようとする日本とは、大きな違いがある。

もちろん近年、中国にも同じような傾向は見られるが、女性をトップにしようと考える人は少ない。ある中国人にいわせると、「中国人は自国の歴史に自信を持っており、日本人ほど西欧の影響を受けないのだ」とのこと。そう話したあとで、「中国には、雌鶏《めんどり》が時を告げるとき国が亡びる、という諺《ことわざ》があり、かなり広く信じられているのだ」という。

古くは漢の呂皇后《りょこうごう》、唐の則天武后《そくてんぶこう》、清の西太后《せいたいこう》、そして文革時代の江青《こうせい》の記憶が生々しい。女性がトップになると、国が亡びる。そんな中国では、女性を大きな組織のトップにすることには、一般の人々にも躊躇《ためら》いがあるのだそうだ。

そのため中国では、女性が中堅幹部として出世する場合、トップの庇護《ひご》が欠かせない。「あの女性課長は部長の愛人だ」などという噂は、数限りなく存在する。そして、その噂は本当であることが多いという。

中国はディール（取引）で成り立っている社会である。セクハラが露見するのは、約束が破られた場合に限られる。部長が「課長にしてあげるから」などといって性交渉を強要しながら、なんらかの事情で女性を課長にできなかった場合、必ず女性が訴える。このあたりの感覚は、日本人から見れば、かなりドライである。そんな中国人には、日本のセクハラ騒ぎは、かなりナイーブに見えるようだ。

習近平ご自慢の「デジタル文化大革命」も、中国人のパワハラとセクハラを感知し、正常化することはできないようだ。

終　章　中国の二〇三五年

「現代世界最高の知性」の予言

世界的なベストセラー『帝国以後』（藤原書店）や『問題は英国ではない、ＥＵなのだ――21世紀の新・国家論』（文春新書）などを著わしたフランスの歴史人口学者エマニュエル・トッド氏は、「文藝春秋」二〇一八年七月号で、以下のように述べている。

〈中国が、今後、「帝国」になることは、政治的にも経済的にもないでしょう。中国の未来は悲観せざるを得ないという点で、人口学者は一致しています。少子化と高齢化が急速に進んでいるからです。（中略）そんな中、中国からは若いエリート層がどんどん国外へ流出しています。中国経済は確かに成長を遂げましたが、内需が弱く、輸出依存の脆弱《ぜいじゃく》な構造になっています。中国は、いわば「砂でできた巨人」にすぎません〉

このトッド氏の論考と本書の内容を踏まえ、「デジタル文化大革命」が進行する中国の近未来を予測してみたい。

① 反権力的な動きは初期につぶされる

中国の一般民衆が「デジタル文化大革命」に逆らうのは容易ではない。これまでも中国共産党はいろいろな手段を用いて民衆を監視してきたが、それにネット技術が加われば、権力側は民衆の動きが手に取るように分かる。

それによって反権力的な動きを小さな芽の段階でつぶすことが可能になる。「デジタル文化大革命」に支えられた習近平体制が短時間で崩壊することはない。

② 中国発のイノベーションは生まれない

「デジタル文化大革命」のもとでは、中国発のイノベーションは、絶対に起きない。政府にとって都合のよい情報だけが流れる社会では、創造的な文化は生まれないからだ。

ヨーロッパのルネッサンスや宗教改革、そして科学技術の発展とのあいだには、密接な関係があった。人々が自由に討論し批判し合う関係があってこそ、文化が生まれる。それがイノベーションの土台になる。

いくら北京大学と清華大学に全土から選《え》りすぐった秀才を集め、多額の資金を投入しても、それによって世界をリードする技術は作れない。そういえば、中国が一三億の人口を抱え、世界第二位の経済力を誇っても、ノーベル賞を受賞した研究者は少ない（理系はこれまで一名……それも中国が経済力を付ける前に行われた地道な研究の成果が対象になった)。

③　三〇年続いた奇跡の成長が終わる

米国とのあいだに貿易戦争が勃発《ぼっぱつ》した。それによって、農民工という安価な労働力を利用して安い工業製品を作り、それを輸出して儲けるという経済モデルは、終焉《しゅうえん》を迎えた。

これまでは、工業製品の輸出によって得た資金の多くが不動産部門に投資されていた。それが不動産バブルを発生させたが、輸出不振から燃料ともいえる資金が流入しなくなれば、不動産バブルは終わる。

ただ、中国政府はバブル退治に走った三重野康・日銀総裁を反面教師と考えており、現在も不動産市場に資金を供給し続けることによって、急激な価格下落を防いでいる。しかし、倒産すべき不動産会社や金融機関を温存することは、むしろ経済の長期低迷の原因になる。過去三〇年続いた奇跡の成長が終わり、経済の低迷が既に始まった。

就職難と台湾侵攻の深い関係

経済が本格的に低迷し始めると、国民は「デジタル文化大革命」に不満を持つ。それは、長期政権を狙う習近平にとって極めて困難な状況を作り出すことになる。就職難のような身近な不満が膨張し、結果、台湾侵攻につながったり、習近平政権の崩壊まで引き起こす。

④　よい職に就けない大卒者が激増する

経済の低迷は若者の就職難に直結する。職に就くことができても、その給与が大きく増えることはない。既にそれは顕在化しつつある。

経済が低迷し、かつ「デジタル文化大革命」が始まったことから、中国は息苦しい社会に変わりつつある。大学を出ても、よい職に就くことができない若者は激増する。

習近平政権は若者の不満がネットで急拡大することを恐れている。それが「デジタル文化大革命」を始めた直接の理由である。しかし、「デジタル文化大革命」がうまく行けば行くほど、人々の息苦しさは増加する。

中国人はこのような状況が一番苦手である。中国の歴代の政権は、国民の面倒は見ないが、細かいことにはいちいち関与しなかった。中国政治は放任が基本だったのだ。

こうした中国では、人々は勝手に動きまわって、儲け話を探した。それが中国人のタフで厚かましい性格を作り上げた。そんな中国だから、統制経済たる文化大革命には馴染めなかった。そして、鄧小平の改革開放路線を歓迎したのだ。

⑤　経済悪化で台湾侵攻の可能性が高まる

中国では、偉大な皇帝には二つのタイプがある。一つは中国の統一を果たした者。秦の始皇帝《しこうてい》、漢の高祖《こうそ》、唐の高祖、明の洪武帝《こうぶてい》、そして毛沢東もその一人である。もう一つのタイプは、周辺へ兵を進めて領土を拡張したタイプ、これには漢の武帝《ぶてい》、唐の太宗《たいそう》、明の永楽帝《えいらくてい》、清の康熙帝《こうきてい》などが挙がる。

建国の英雄ではない習近平が偉大な皇帝になるためには、台湾解放は、必須である。三期目に入る前に台湾に攻勢を仕掛け、香港のような一国二制度にすることがベストシナリオになる。

もし中国が台湾を解放できれば（台湾にとっては中国への隷属《れいぞく》だが）、経済が少々低迷しても、国民は習近平の長期政権を認める。習近平が経済の悪化によって求心力が失われつつあると感じれば、台湾への武力侵攻を急ぐ可能性もある。

ただ現状では、武力侵攻だけでなく、武力恫喝《どうかつ》も難しい。それは、習近平政権になってから、中国外交が必ずしも成功していないためである。一帯一路もＡＩＩＢも、信じられないくらいに不人気。世界の多くの国々が、中国を警戒し始めている。それは、米国において特に顕著である。

トランプ政権は中国に対して貿易戦争を仕掛けた。現在、その行方はよく分からないが、一度スイッチが入ると、米国は猛烈な攻勢を続ける習性がある。途中では引かない。一九六〇年代の繊維製品、一九七〇年代の鉄鋼製品、一九八〇年代のカラーテレビ・ビデオ・自動車などの輸出をめぐって米国と激しい貿易戦争を繰り広げた日本人は、実感できるはずだ。

そのような状況のなか、中国がこれまで以上に台湾に強い圧力をかけ続けることができるかどうか、はなはだ疑問である。台湾に圧力をかけ過ぎると、対米関係が決定的に悪化する。それが貿易問題を通じて中国経済を直撃する。

「デジタル文化大革命」は諸刃の剣

⑥　五年以内に習近平体制は崩壊する

五年間の第一期政権において、習近平は、あまりに大国然とした態度をとり過ぎた。習近平が打ち出した「中国の夢（米国に対抗する超大国になること）」は間違った方針であった。明らかに経済が減速するなかで、南シナ海への進出、一帯一路、AIIBなどと、手を広げ過ぎた。それを貿易戦争という形でトランプ政権に突かれた。

米国からの電子部品の禁輸で、中国を代表するハイテク企業が成り立たなくなる。実際、大手通信機器メーカーの「中興通訊（ZTE）」は、一時、倒産の危機に立たされた。

このように、電子部品すら作れない国が、米国と並ぶ超大国になれるはずがない。

そして、誰の目にも経済の低迷が明らかになると、共産党内部で習近平降ろしが始まる。それは陰湿な権力闘争に発展する。中国は政治が混乱したときに経済が低迷するから、その混乱は経済を一層低迷させることになろう。

習近平は二〇三五年まで政権の座に留まりたいと考えている。だが、それは不可能だ。いつ政権が崩壊するかを言い当てることは星占いのような行為だが、これまで述べてきたことを勘案すると、すんなり三期目に入ることすら難しいだろう。

そして、もし三期目に入ったとしても、中国では経済が低迷しているうえに、「デジタル文化大革命」が進行して暗い世の中になっている。中国は、奇跡の成長に沸いた過去三〇年とは、まったく異なる社会になる。

⑦「デジタル文化大革命」が共産党一党独裁体制に終止符を打つ

「デジタル文化大革命」は、期せずして、中国共産党の一党支配を終わらせる可能性が高い。権力を強化すれば強化するほど、崩壊したときの反動が大きい。それが中国の歴史である。習近平が最後の共産党政権になるかもしれない。

では、習近平政権が倒れたあとは？　皇帝の支配に慣れている中国に、民主主義が根付くとは思えない。一時の高揚感によって民主的な選挙を行うことがあっても、再びプーチン政権のような「選挙をする独裁」に走る可能性もある。

ただそれよりも、地方が中央のいうことを聞かなくなり、分裂状態になる可能性のほうが高い。強力な独裁政権が消滅すると、しばらく分裂状態が続く。これが中国史の基本である。

が、その予測も難しい。はっきりいえるのは、西欧が生んだ民主主義を中国がすんなり受け入れる可能性は、ほとんどないということくらいだろう。

コラム 日本とドイツの謝り方に違いがあるのか？

国民の不満を逸《そ》らすために反日を利用する中国は、日本の些細《ささい》な行為にまでケチを付けるようになった。そして、ことあるごとに日本に謝罪を要求するようになった。それが日本の反発を招いている。ドイツは周辺諸国に対して真剣に謝ったのに、日本は真剣に謝罪していないともいうようになった。

ドイツの場合、戦争責任をヒトラーとナチス党に押し付けることができた。だから、周辺国がそれなりに納得する形で謝罪することができた。

「ヒトラーとナチスは完全に排除しました。ナチス的な敬礼をすることも法律で禁じます。ナチスのバイブルとされたヒトラーの『わが闘争』は発禁にします。二度と過ちは繰り返しません。だから許してください」

ドイツでは、あの戦争を起こした人々を比較的容易に特定できる。だから、戦争責任についても明確になる。

ドイツの周辺国が完全にドイツを許したかといわれれば、心のなかではそう簡単に許せないのではないかと思えるが、それでも表面上はドイツの謝罪は受け入れられている。その結果、ＥＵ（ヨーロッパ連合）に加盟するとともに、現在、その中心的な存在になっている。もし、謝罪が受け入れられないのであれば、ＥＵはドイツ抜きで作られていたのかもしれない。

ただ日本では、太平洋戦争の責任者を明確にすることが難しい。それでも、日本はあの戦争について、十分に謝ってきたと思う。日中国交回復以来、日本は中国の発展のために多額のＯＤＡ（政府開発援助）資金を援助してきた。技術協力なども行った。

日中国交回復を行った田中角栄首相は、兵士として中国（満州）に出征した経験があった。日本が中国に多額の経済援助を行った一九八〇年代は、戦争を経験した多くの人が生存しており、彼らは当時を知る者として援助を行うとともに、折に触れて真《し》摯《し》に謝った。

当時、中国もそれを受け入れていた。そもそも中国三〇〇〇年の歴史は、戦乱ばかりの歴史といってもよく、日中戦争規模の戦乱はたびたび生じていた。だから戦争が終わったときには謝って欲しいなどという感情は存在しなかったと、何人かの中国人に聞いた。多くの人は、終わってホッとしただけだ、と――。

そうした感情は、現在まで続いていると思う。多くの人が日本に爆買いに来ていることからも分かるではないか。庶民の日本に対する感情は、それほど悪いものではない。この二〇年間で四〇回ほど中国に渡り、のべ三〇〇日間もフィールドワークをこなしてきた私だから、断言してもいいと思う。

靖国《やすくに》神社参拝についても中国共産党がことさら問題にしているだけで、多くの庶民は靖国神社の何が問題なのか、ほとんど理解していない。

筆者はベトナムを訪問する機会も多いが、ベトナム人はフランスにも米国にも謝罪を要求していない。フランスとの関係はジュネーブ協定（一九五四年）がそのすべてであり、米国との関係もパリ協定（一九七三年）がすべてだ。

その後、ベトナムは自力でパリ協定を破って南ベトナムを武力解放したから、米国に謝れという立場にはないのかもしれない。が、それにしても、ベトナム人は米国に謝罪して欲しいなどとは思っていない。すべては歴史の流れのなかの出来事とだけ考えている。

どうも、歴史のなかに善悪の考えを強く持ち込む中国、正確にいえば中国共産党は、かなり異常である。ついでにいえば、韓国も、である。

そのような考え方は儒教がもたらしていると思う。特に中国共産党は科学的社会主義を標榜しているのだから、歴史を善悪で判断する思考法から一刻も早く抜け出してほしい。

あの戦争から七〇年以上が経過し、既に人口の多くは、あの戦争を戦った人々の孫の世代になっている。その人々にまで謝罪を要求するのは酷だ。

謝り方が悪いといって、何度も謝罪を要求することは、日本側の反発を招くだけである。少し視野を広げてみれば分かるように、決して中国の国益にもならない。

おわりに——中国人は皇帝と独裁が大好き

中国共産党は個人崇拝《すうはい》を禁止している。それは個人崇拝の対象となった毛沢東が文化大革命という大きな惨禍をもたらしたためである。宗教の影響力が弱い社会では、個人崇拝を行うと、個人が教祖的な役割を果たしてしまうためだろう。

一方、宗教の影響がそれなりに存在する社会では、西欧中世の王権と教皇権、日本の天皇と将軍のように、権力を分掌するシステムとなり、独裁者は出現し難い。また、政治において独裁者が出現しても、宗教を支配できないため、その独裁は弱い。

日本を宗教の影響力が強い国と考えることには異論があると思うが、日本では神道・仏教と密接に合体した天皇というシステムがある。それが強固に日本人の心のなかに根を張っており、「日本教」というべきものを構成している。このあたりのことは山本七平《やまもとしちへい》氏が論じている。「日本教」は現世利益を強く考える中国人の思考法とは大きく異なる。

現在、習近平を個人崇拝の対象にしようとする動きがある。これは、習近平自身がそれを望んでいるというよりも、中国人は政治の中心に宗教的な心のよりどころを求める傾向が強いからだろう。この動きをどう見るかは、中国の今後を考えるうえで、外すことができない重要なポイントになる。

中国人は皇帝と官僚によって構成されるシステムに慣れ親しんできた。そのシステムには、皇帝を神と崇《あが》める心情が存在する。皇帝とは、天命を受けて天と地とをつなぐ存在である。

長い歴史を誇るために、中国人は自国の歴史に誇りを持っている。そのため、「自分たちのシステムはヨーロッパなどが作り上げたものよりも優れている」との自負が、心のどこかにある。民主主義が優れたシステムだと聞いても従う気になれない。

これが、中国に独裁政権が出現しやすい理由であり、歴史のなかに根差してきた心情である。だから、ちょっとやそっとではなくならない。

習近平があっという間に独裁的な地位を得た背景には、中国人の心のなかに皇帝による独裁システムが強く刻まれていることがある。

皇帝は天命を受けて地上の人々を統治する。その昔は、皇帝が天と交流する「封禅《ほうぜん》」と呼ばれる行事を行った。これは宗教行事ともいえるものであり、皇帝の独裁と皇帝に仕える官僚システムは、中国そのものといってよい。

付言すれば、中国の官僚には公僕という意識はない。官僚は皇帝に代わって人民を統治する。そして、その官僚は科挙、つまり難しい試験に受かった人である。

そんな中国では、集団指導体制は機能しない。そう考えれば、チャイナ7やチャイナ9《ナイン》などといっていた江沢民や胡錦濤の時代のほうが異常だったのである。集団指導体制は文化大革命を経験した鄧小平が考え出したとされるが、やはりそれは、中国の伝統にはそぐわなかった。

だから、文革の記憶が薄れるとともに、独裁体制（皇帝制）に戻りたいという感情が存在したのであろう。それが習近平の独裁を生んだ。習近平の独裁は、彼の個性ではなく、中国の歴史が作り出したといってもよい。

二〇一八年に開かれた全国人民代表大会において、習近平は二〇三五年という年限を具体的に示し、中国を世界の強国にするとした目標を打ち出した。このことは、二〇三五年まで習近平の独裁が続くことを意味する。

二〇三五年、習近平は八二歳になる。栄養状況が改善され医療が発達した現在であれば、八二歳は国家主席としても十分にその役割を果たすことができるだろう。

この一連の出来事を習近平の野望と捉える向きがある。胡錦濤政権で副主席を務めていた時代から野心を胸に秘め、ひとたび政権の座に就いたら二度と放さないと考えていたのだ、と。ゆえに政権の座に就くと、汚職退治と称してライバルを次々と葬り去り、着々と独裁政権を作り上げたのだ、と。

習近平が野心家であることは確かであろう。しかし、現在、中国で生じていることを習近平の個人的な要因だけに押し付けることには無理がある。習近平が独裁に走ることは、歴史の必然だと捉えたほうがよい。

そして、その歴史の申し子のように生まれてきた「デジタル文化大革命」は、むしろその独裁の歴史自体に終止符を打つ、諸刃《もろは》の剣《つるぎ》なのである。

二〇一八年一〇月

川島博之《かわしまひろゆき》

川島博之

1953年、東京都に生まれる。東京大学工学博士。東京大学大学院農学生命科学研究科准教授。専門は、開発経済学、環境経済学。2011年には、行政刷新会議ワーキンググループ(提言型政策仕分け)の評価者を務める。1977年、東京水産大学卒業。1983年、東京大学大学院工学系研究科博士課程単位取得のうえ退学。農林水産省農業環境技術研究所主任研究官、ロンドン大学客員研究員なども歴任。
著書には、ベストセラーになった『戸籍アパルトヘイト国家・中国の崩壊』(講談社+α新書)、『「食糧危機」をあおってはいけない』(文藝春秋)、『「作りすぎ」が日本の農業をダメにする』(日本経済新聞出版社)などがある。

講談社+α《プラスアルファ》新書 777-2 C
習近平《しゅうきんぺい》のデジタル文化大革命《ぶんかだいかくめい》
24時間を監視され全人生を支配される中国人の悲劇
川島博之《かわしまひろゆき》

2018年10月18日第1刷発行

発行者——渡瀬昌彦
発行所——株式会社 講談社
東京都文京区音羽2-12-21 〒112-8001
電話 編集(03)5395-3522
販売(03)5395-4415
業務(03)5395-3615
カバー写真——Getty Images
デザイン——鈴木成一デザイン室
カバー印刷——共同印刷株式会社
印刷——慶昌堂印刷株式会社
製本——牧製本印刷株式会社
本文組版——朝日メディアインターナショナル株式会社

ISBN978-4-06-513260-9

'18 12 19
'20 10 28
'21 7 25